Staats- und socialwissenschaftliche Forschungen

herausgegeben

von

Gustav Schmoller.

Sechzehnter Band. Viertes Heft.

(Der ganzen Reihe einundsiebenzigstes Heft.)

T. Bödiker: Die Reichs-Versicherungsgesetzgebung.

Leipzig,
Verlag von Duncker & Humblot.
1898.

Die
Reichs-Versicherungsgesetzgebung.

Von

T. Bödiker,
Dr. phil. et jur.

Leipzig,
Verlag von Duncker & Humblot.
1898.

Alle Rechte vorbehalten.

Vorwort.

Der Professor Georges Blondel, welcher auf Veranlassung des durch den Grafen Chambrun mit grofsen Mitteln ausgestatteten Pariser „Musée social" Deutschland wiederholt kreuz und quer durchreist und als ein scharfer Beobachter unserer wirtschaftlichen und rechtlichen Zustände sich erwiesen hat, sagt in seinem vor kurzem erschienenen, sehr beachtenswerten Werke „L'essoir industriel et commercial du Peuple Allemand": „Mögen diejenigen, welche daran zweifeln, dafs wir in Sorglosigkeit dahin leben, doch nach Deutschland gehen, um dort sich umzusehen; sie werden erstaunt zurückkehren und über das, was sie gesehen haben, beunruhigt sein; sie werden dann auch überzeugt sein, dafs es für uns hohe Zeit ist, aus unserer Ruhe uns zu erheben, vielleicht sogar davon durchdrungen werden, dafs wir unserer Industrie und unserem Handel den gebührenden Platz nur dann verschaffen, wenn wir wie die Deutschen handeln, wäre es auch um den Preis, alle unsere Gewohnheiten ändern zu müssen." (Georges Blondel, L'essoir industriel et commercial du Peuple Allemand, Paris 1898, Seite 168).

Ein solches Zeugnis eines nach jeder Richtung hin zuständigen, die deutschen Verhältnisse sicherlich nicht mit zu viel Wohlwollen beobachtenden Socialpolitikers ist von besonderem Wert, zumal in einer Zeit, in der hin und wieder die Meinung laut wird, wir könnten uns auf dem Gebiete der Arbeiterfürsorge nun unsererseits gewissermafsen zur Ruhe begeben. Jedenfalls ist jenes Zeugnis ein Belag dafür, dafs das, was in den letzten fünfzehn Jahren für die deutschen Arbeiter geschehen ist, dafs insbesondere die grofsen Opfer, welche in erster Linie die Industrie für sie gebracht hat und noch täglich bringt, dem industriellen und kommerziellen Aufschwung mindestens keinen Abbruch gethan, eher ihn befördert haben. Ohne jeden Abzug bleibt dann immer der grofse Gewinn der endgültig vollzogenen Verbesserung der Lage breiter Schichten des Volkes.

Welcher Gärtner kann je meinen, er habe nun für lange Zeit genug an seinem Garten gearbeitet, er wolle ihn eine Weile sich selbst überlassen; und welcher Vater während des Heranwachsens seiner Kinder sagen, er würde die Erziehung nun mal eine Zeit lang einstellen? Von Gärten und von Kindern darf man nie die Hand lassen, will man davon gute Resultate erzielen, und auch der Staat hat keine wichtigere Pflicht, als die, unausgesetzt an der Verbesserung der Lage der Arbeiterklasse, in der die verjüngende Kraft des Volkes liegt, soweit die Mittel dazu irgend reichen, zu arbeiten.

Es kommt hinzu, daſs die arbeitenden Klassen infolge und auf Grund der allgemeinen Wehrpflicht, der allgemeinen Schulpflicht und des allgemeinen Stimmrechtes zweifellos von Jahrzehnt zu Jahrzehnt einsichtiger und gebildeter werden. Zugleich aber werden sie auch von dem Gefühle durchdrungen, sie hätten in gleichem Maſse ein höheres Recht, an der Aufwärtsbewegung der Menschheit teilzunehmen, wie sie materiell weniger begünstigt sind als die Anderen; sie könnten also verlangen, besonders rasch vorwärts zu kommen.

Damit ist nicht gesagt, daſs unerfüllbare Anforderungen sollen befriedigt, und Opfer von den anderen Klassen der Bevölkerung sollen gebracht werden, welche der Gesamtheit schmerzlichere Wunden schlagen, als der Vorteil einzelner Teile zu rechtfertigen vermöchte. Das Verlangen nach allgemeiner Witwen- und Waisenversicherung z. B. ist zur Zeit in Deutschland unerfüllbar. Insofern haben die recht, welche sagen: Wir wollen die jetzt bestehenden Arbeiterfürsorgegesetze erst einmal recht zur Klärung und vollen Bewährung gelangen lassen.

Mit diesem Standpunkte ist es aber durchaus vereinbar, auf dem Boden und im Rahmen der bisherigen Gesetzgebung schrittweise weiter zu gehen und die in den Gesetzen liegenden fruchtbringenden Ideen durch deren Ergänzung und Verbesserung stets weiter zu entwickeln.

Die vorliegende Arbeit will hierzu einen Beitrag liefern.

Daneben soll im folgenden die Privatversicherung, die insbesondere als Lebens- und Feuerversicherung, man kann sagen, das Wohl und Wehe der ganzen Nation beeinfluſst, behandelt werden.

Vorliegenden Meldungen öffentlicher Blätter zufolge, wird die reichsgesetzliche Regelung dieser Materie nunmehr wirklich ernstlich geplant. Man würde der Reichsregierung nur Glück dazu wünschen können, wenn sie mit ihrem Vorhaben einen guten Erfolg erzielte.

Im folgenden soll das zur Zeit geltende, völlig zersplitterte Recht kurz beleuchtet, das seit Jahrzehnten bestehende allgemeine Verlangen nach einheitlicher Regelung dargelegt und ein Weg nachgewiesen werden, wie diese zweckmäſsigerweise erfolgen könnte.

Berlin, 1. Oktober 1898.

Inhalt.

	Seite
I. Die Arbeiterversicherung.	
Allgemeines	11
Die Unfallversicherung	12
Vereinfachung der Arbeiterversicherung	15
Vorschläge zur Vereinfachung.	
Allgemeines	18
Besonderes für die Invaliditäts- und Altersversicherung	20
Organisatorisches	21
Begründung	24
Schluſs	31
II. Die Privatversicherung.	
Allgemeines	35
Historisches	36
Grundzüge eines Privatversicherungsgesetzentwurfs	42
Besonderes.	
Geltungsbereich des Gesetzes	47
Die Reichsaufsichtsbehörde (das Reichs-Versicherungsamt)	50
Die Zulassung zum Geschäftsbetriebe	52
Geschäftsführung und Auflösung der Versicherungsanstalten. Eingriff in deren Verwaltung und Sonstiges	55
Schluſs	57

I.

Die Arbeiterversicherung.

Allgemeines.

In dem gelegentlich des 10 jährigen Bestehens der deutschen Unfallversicherung von dem Verfasser herausgegebenen Werke über die „Arbeiterversicherung in den europäischen Staaten" (Duncker & Humblot, Leipzig 1895) wurde die Erwartung ausgesprochen, dafs die Idee der Arbeiterversicherung in den civilisierten Staaten immer weitere Fortschritte machen werde.

Die Erwartung hat sich erfüllt. England erliefs das Gesetz vom 9. August 1897, Dänemark das vom 15. Januar 1898, Italien das Gesetz vom 17. März 1898 und Frankreich das vom 9. April 1898. Ein solches Zusammentreffen so vieler Gesetze beweist deutlich die Tiefe der Bewegung und die Kraft, welche dieselbe allmählich erlangt hat.

Dieser Fortschritt ist mit Freude zu begrüfsen, und wenn die genannten Gesetze auch an das deutsche Vorbild nicht heranreichen, so sind es immerhin weitgreifende Etappen zu einem höheren Ziele.

Auch in Deutschland hat die Gesetzgebung seitdem nicht stillgestanden, d. h. es sind zum Ausbau der bestehenden Gesetze Anläufe gemacht worden, die freilich aus hier nicht näher zu erörternden Gründen im Sande verlaufen sind. Aber merkwürdig bleibt es doch, wenn bei der Beratung des vorgenannten Gesetzes vom 9. April 1898 im französischen Senate der Berichterstatter Thévenet erklärte, das deutsche Unfall-Versicherungsgesetz vom Jahre 1884 sei alle Augenblicke vom Reichstag verändert worden; man könne voraussagen, dafs es in Frankreich mit dem Gesetze, das so viele Jahre vorbereitet worden sei, anders werden würde. (Vergl. M. E. Cheysson, Les Accidents du Travail, Paris, Guillaumin & Cie, Seite 5.) Als ob der Reichstag das 1884er Gesetz, welches geradezu ein Mustergesetz genannt werden kann, an allen Ecken und Enden modifiziert hätte, während es in der That noch unverändert dasteht, und es sich bei den bisherigen neuen Gesetzen nur um eine immer weitere Ausdehnung seiner Anwendungssphäre handelte. Weit entfernt, fortgesetzt der verbessernden Hand bedurft zu haben, hat das deutsche Unfallversicherungsgesetz vom Jahre 1884 nur immer mehr an Terrain gewonnen, indem es zuerst auf die landwirtschaftliche Bevölkerung und demnächst auf weitere, bisher noch nicht erfaſste Teile der gewerblichen Bevölkerung ausgedehnt wurde. Eine sonderbare Berichterstattung und eine eigentümliche Beurteilung der deutschen Gesetze auf Seiten des französischen Senatsreferenten.

Damit ist nicht gesagt, daſs das Gesetz nicht doch hier und da die verbessernde Hand vertragen könnte.

Um fundamentale Änderungen wird es sich allerdings nicht zu handeln brauchen.

Die Unfallversicherung.

Das, was etwa an der bestehenden Gesetzgebung zu ändern wäre, ist das Folgende:

Ausdehnung der Unfallversicherung auf eine Reihe von gefährdeten Handwerksbetrieben (wie Fleischer, Schlosser, Schmiede, Fensterputzer, Buchbinder), unter Vereinfachung der Bestimmungen über die Durchführung der Versicherung (Vereinfachung der Listenführung, Pauschalzahlung für Gesellen und Lehrlinge nach deren Zahl statt Individual-Lohnnachweisungen).

Auch müſste der mit dem Handelsgewerbe verbundene Fuhrwerks- und Lagerbetrieb, sofern es sich nicht um einen kleingewerblichen Betrieb handelt, versicherungspflichtig sein; und die durch tierische Kraft bewegten Triebwerke müſsten ebenso wie die durch elementare Kraft (Wind, Wasser, Dampf, Gas, heiſse Luft) bewegten Triebwerke den Betrieb, in dem sie verwendet werden, versicherungspflichtig machen.

Es entspräche den Forderungen der Gerechtigkeit und Billigkeit, die häuslichen und anderen Dienste, zu denen versicherungspflichtige Personen von ihren Arbeitgebern oder deren Beauftragten auſserhalb des Betriebes herangezogen werden, durch die Unfallversicherung mit gedeckt sein zu lassen.

Durch Staatsvertrag (Abkommen von Regierung zu Regierung) wäre Reciprocität in dem Sinne möglich zu machen, daſs Betriebe im Inlande, die Bestandteile eines ausländischen Betriebes sind, und umgekehrt von der Versicherung des einen Staates ausgenommen würden, damit keine Doppelversicherung eintritt.

Eine statutarische Ausdehnung der Versicherung auf die Organe und Beamten der Berufsgenossenschaft, wie die nicht im Betriebe beschäftigten, aber die Betriebsstätte besuchenden Personen etc. wäre in geeigneter Weise vorzusehen.

Gleichwie die Unfallentschädigung bei vorsätzlicher Herbeiführung des Unfalles in Wegfall kommt, so müsste dieselbe je nach der Schwere des Falles ganz oder teilweise abgelehnt werden können, wenn der Unfall sich bei der Begehung eines Verbrechens oder vorsätzlichen Vergehens durch den Verletzten ereignete.

Die Hinterbliebenen-Rente ist gegenüber der jetzigen Art der Berechnung in dem Falle zu erhöhen, wenn der Arbeitsverdienst des Verstorbenen infolge eines früher erlittenen Betriebsunfalles geringer war als der vor dem tödlichen Unfall bezogene Lohn.

Die Berufsgenossenschaft muss berechtigt sein, den Kindern einer Ehefrau, deren Ehemann die eheliche Gemeinschaft ohne gesetzlichen Grund aufgehoben und sich der Unterhaltung der Familie entzogen hat, im Falle der Tötung der Mutter die Rente zu gewähren.

Desgleichen sind die Befugnisse der Berufsgenossenschaften dahin zu erweitern, daſs sie Mittel zur Unfallverhütung verwenden und mit Genehmigung des Reichs-Versicherungsamtes Kranken- oder Rekonvalescentenhäuser errichten dürfen.

Unternehmer von Betrieben, deren Sitz sich im Auslande befindet, müssen um des herrschenden Umlagesystems willen zu höheren Beiträgen, sowie zu Kautionsleistungen herangezogen werden können.

Eine auf unrichtigen Angaben des Betriebsunternehmers beruhende Veranlagung des Betriebes zu den Beiträgen muſs während der Tarifperiode abgeändert werden können.

Das Ruhen der Rente ist auszusprechen für so lange, wie der Berechtigte eine die Dauer von einem Monat übersteigende Freiheitsstrafe verbüſst, oder solange er in einem Arbeitshause oder einer Besserungsanstalt untergebracht ist; dann für solange der berechtigte Ausländer nicht im Inlande wohnt mit der Maſsgabe, daſs durch Beschluſs des Bundesrats diese Bestimmung für bestimmte Grenzgebiete oder für solche auswärtige Staaten, durch deren Gesetzgebung deutschen, durch einen Betriebsunfall verletzten Arbeitern eine entsprechende Fürsorge gewährleistet ist, auſser Kraft gesetzt werden kann.

Die noch bestehenden geringfügigen Reste privatrechtlicher Haftpflicht sind, soweit sie nicht auf krimineller Grundlage beruhen, zu beseitigen.

Angesichts der bei Baugeschäften namentlich in groſsen Städten mehrfach beobachteten Schwindeleien sind Bestimmungen zum besseren Schutze der Bau-Gewerks-Berufsgenossenschaften wegen Einganges der Beiträge der Bauunternehmer nach der Richtung notwendig, daſs unter Umständen der Bauherr für haftbar erklärt wird.

Zu diesen Änderungen würden noch einige andere minder wesentliche hinzuzufügen sein. Das Gesagte deutet im allgemeinen den Umfang dessen an, was durch Verbesserung des Gesetzes wohl geschehen könnte; es zeigt aber zur Genüge, wie unrecht die Ausländer haben, die sich, wenn sie aus anderen Gründen das deutsche Gesetz innerlich bekämpfen, äufserlich hinter dessen angeblich grosse Mängel verstecken. Die vorstehend bezeichneten Veränderungen verhalten sich in ihrem Werte zu dem unverändert bleibenden Ganzen noch nicht wie 1 : 100.

Andererseits wären einige Punkte hervorzuheben, die in der letzten Regierungsvorlage (vergl. Drucksachen des Reichstages 9. Legislations-Periode, 4. Session 1895/97 ad No. 909 a.) als wünschenswert bezeichnet wurden, die aber besser unausgeführt bleiben. Dahin gehört die Abkürzung der sogenannten Karenzzeit, d. h. der Zeit, in der nach dem Unfall zunächst die Krankenkasse für den Verletzten aufzukommen hat. Die gegen die Verkürzung der Karenzzeit sprechenden Gründe sind im Reichstags-Kommissionsbericht (Seite 30—33) näher dargelegt.

Ebenso zu verwerfen sind die zum Teil kleinlichen Beschränkungen, welche die Kompetenz des Reichs-Versicherungsamtes erleiden sollte, so im § 46 der Regierungsvorlage, wo es sich um die Bestimmung der Bezirke und Sitze der Schiedsgerichte handelt, und namentlich im § 63 der Vorlage, der von einer Beschränkung der Rekurse an das Reichs-Versicherungsamt spricht; wie denn auch die im § 76 Absatz 2 vorgesehene Thätigkeit bei der Anlegung des Vermögens der Berufsgenossenschaften füglich dem Reichs-Versicherungsamt zuzuweisen wäre.

Die Bestimmung im § 87 der Regierungsvorlage, dafs der Bundesrat die von ihm zu wählenden nichtständigen Mitglieder nicht mehr sämtlich aus seiner Mitte soll zu wählen brauchen, würde in ihrem Effekt gegen die jetzige Position des Reichs-Versicherungsamtes sich wenden und ist darum mit Recht von der Reichstagskommission ebenso wie die ganze dem Reichs-Versicherungsamt nicht günstige Tendenz der Vorlage abgelehnt worden.

Zu einer Entlastung des Reichs-Versicherungsamtes würde der durchaus verständige Vorschlag der Reichstagskommission führen, der dahin geht, dafs unzulässige, verspätet eingegangene oder offenbar unbegründete Rekurse und Revisionen ohne mündliche Verhandlung durch Beschluss zurückgewiesen werden können, und dafs Beschlüsse dieser Art in der Besetzung mit drei Mitgliedern, unter denen sich je ein Vertreter der Genossenschaftsvorstände und der Arbeiter befinden muss, sollen erfolgen können.

Vereinfachung der Arbeiterversicherung.

Nachdem im vorstehenden einige Gesichtspunkte dargelegt sind, welche bei einer Änderung der Unfallversicherungsgesetzgebung beachtet werden könnten, möchte es sich empfehlen, doch noch auf eine organisatorische Verbindung der Unfallversicherung mit der Kranken- und der Invaliditäts- und Altersversicherung hinzuweisen, die freilich einen grofsen Aufwand von Kraft erheischen, aber dafür auch viel Segen stiften würde.

Im Novemher 1895 fand in Berlin eine Beratung über die hiermit in Verbindung stehenden Fragen im Reichsamte des Innern statt, zu der auch der Verfasser neben vielen anderen Sachverständigen hinzugezogen wurde. Um der Diskussion eine feste Unterlage zu gewähren und die Gesamtheit seiner langjährigen Erfahrungen in kurzen Umrissen darzulegen, entwarf er gedrängte „Vorschläge zur Vereinfachung der Arbeiterversicherung", die an die 60—80 Mitglieder der Konferenz verteilt wurden. Ohne sein Vorwissen erschien die Arbeit mit einigen Auslassungen in einer angesehenen Berliner Tageszeitung, wie man ihm später andeutete, auf Veranlassung einer Persönlichkeit, die Wert darauf legte, dafs die nach ihrer Meinung beherzigenswerten Vorschläge nicht in den Papierkorb fielen.

Im folgenden werden die damaligen Vorschläge in unveränderter Gestalt reproduziert. Beiläufig möge bemerkt werden, dafs seiner Zeit in völliger Verkennung der Sachlage ein öffentliches Blatt der Vermutung Ausdruck gab, jene Vorschläge hätten zu Differenzen zwischen deren Verfasser und dem damaligen Staatssekretär des Innern geführt. Dies war so wenig der Fall, dafs dieser vielmehr in der Schlufssitzung jenem seinen Dank besonders aussprach, und dafs er den Ausdruck dieser Danksagung in das nach längerer Zeit gedruckt verteilte Protokoll aufnehmen liefs.

Den Kernpunkt der Vorschläge bildet die Beseitigung der Marke als Form der Beitragserhebung bei der Invaliditäts- und Altersversicherung.

Um diesen Kern gruppieren sich die anderen Vorschläge.

Wenn jetzt nochmals auf jene Vorschläge zurückgegriffen wird, so liegt der Anlass in einem Vorkommnis aus allerjüngster Zeit, das überhaupt den Anstofs zu der vorliegenden Schrift gegeben hat.

Im Sommer 1898 wurde entdeckt, dafs in einer mittelgrofsen Fabrik seit dem Jahre 1894 die Beitragsmarken für mehr als 200 Arbeiter und Arbeiterinnen nicht eingeklebt worden waren.

Der betreffende Beamte hatte freilich die nötigen Gelder von der Direktion regelmäfsig ausbezahlt erhalten, dieselben aber, statt dafür Marken anzuschaffen und einzukleben, unterschlagen. Ja, er hatte sogar aus den Karten der Arbeiter, die neu eintraten, die in denselben befindlichen nicht entwerteten Marken entfernt und zu seinem Nutzen verwandt, also eine Unterschlagung in allergröfstem Mafsstabe jahrelang vollführt. Dies war nur deshalb nicht entdeckt worden, weil man, wie so häufig, dem Beamten ein nicht gerechtfertigtes, unbegrenztes Vertrauen schenkte.

Wie bei so mancher kriminellen That hiefs es: „der Mann ist verhaftet, die Untersuchung ist eingeleitet!"

Es handelte sich, soviel im Anfang zu übersehen war, um etwa 20000 nicht verwandte Marken im Betrage von rund 6000 Mark. Die Entdeckung erfolgte, als ein gröfserer Trupp Arbeiter in eine andere Gemeinde, in einen dort errichteten Zweigbetrieb übergesiedelt werden sollte; der Beamte konnte die Mittel nicht beschaffen, um die Karten der abziehenden Arbeiter zu ergänzen und mit Marken vollzukleben. War vordem ein einzelner Arbeiter aus dem Betriebe ausgetreten, so hatte er diesem seine vollgeklebte Karte mit auf den Weg gegeben und so diese Gefahr der Entlarvung vermieden.

Einem Kenner des Gesetzes braucht es nicht klar gemacht zu werden, was es für Folgen hat, wenn Marken nicht geklebt und dadurch vielleicht der ganze Rentenanspruch hinfällig gemacht wird, oder wenn ganze Quittungskarten, weil in der vorgeschriebenen Zeit nicht ausgefüllt, ihre Gültigkeit verlieren.

Dieser Vorfall beleuchtet im grofsen, wie mit einem Scheinwerfer, grell einen Teil der Mängel des Markenklebesystems, eines Systems, welches zur Demoralisierung eines grofsen Teiles der Bevölkerung beiträgt, indem Marken im grofsen oder im kleinen unterschlagen oder vorenthalten werden. Im kleinen, indem z. B. wie uns bekannt, seit Jahren einer in verschiedenen Familien beschäftigten Lohnschneiderin nur von einer Familie vorschriftsmäfsig Marken geklebt zu werden pflegen, während sie wegen der Beschäftigung bei allen anderen, und wenn sie noch so oft zuerst am Montag bei ihnen ist, sich regelmäfsig selbst die Marken in die Karte kleben mufs.

Die mit der unmittelbaren Ausführung des Gesetzes befafsten Organe wissen davon ein Lied zu singen. Sie könnten bezeugen, dafs in allen Schichten der Bevölkerung, welche immer es auch seien, teils aus Eigennutz, teils aus Fahrlässigkeit die den Arbeitern gegenüber bestehende Pflicht des Markenklebens nur mangelhaft erfüllt wird. Es versündigen sich also die besitzenden Klassen an ihren schlechter situierten Mitmenschen und zwar infolge des verkehrten Systems des Gesetzes.

Wenn dem gegenüber gesagt worden ist, die Erhebung von Beiträgen zur freiwilligen Lebensversicherung durch Markenkleben, sowie die Frankierung von Briefen durch Postmarken habe sich doch bewährt, so ist nur zu beachten, dafs diese Marken im eigenen, die Alters- und Invaliditätsversicherungsmarken im fremden Interesse geklebt werden. Dort dient man sich selbst, hier soll man umgekehrt Opfer für andere bringen.

Was im folgenden gesagt ist, trifft auch heute noch zu. Mag man das eine oder das andere namentlich auf dem Gebiete der Organisation nicht annehmen wollen, es würden, in ihrer Gesamtheit aufgefafst, die nachfolgenden Leitsätze, falls realisiert, eine Besserung gegenüber dem bestehenden Zustande herbeiführen, und darum mögen sie, angesichts der vorher mitgeteilten neuesten Erfahrungen, hier eine Stätte finden.

Vielleicht wird wenigstens das eine oder andere, wenn auch in veränderter Form verwertet.

Doch wie dem auch sei, darüber, dafs die Einführung der Alters- und Invaliditätsversicherung an sich eine grofse und segensreiche That war, würdig des Deutschen Reichs, kann gar kein Zweifel bestehen. Niemand ist berechtigt, um der wünschenswerten Abänderungen des Gesetzes willen das hohe Verdienst der verbündeten Regierungen und des Reichstags um dessen Zustandekommen zu bestreiten.

Vorschläge zur Vereinfachung der Arbeiterversicherung,
insbesondere

Verbindung der Rentenversicherung (Unfall-, Invaliden- und Altersrenten); Angliederung der Krankenversicherung; Beseitigung der Beitragsmarke, Beseitigung weiterer Kapitalansammlung, Beseitigung der Abrechnung unter den Anstalten bei der Invaliditäts- und Altersversicherung; Minderung der Zahl der Vorstände; Minderung der Zahl der Schiedsgerichte; Minderung der Zahl der Vertrauensmänner; Vereinfachung des Verfahrens; Minderung der Kosten.

Vorbemerkungen.

Die nachstehenden Vorschläge bilden kein untrennbares Ganzes. Man kann einzelnes annehmen, anderes verwerfen, drittes zusetzen.

Die Vorschläge sind an sich auch keineswegs einwandsfrei.

Es kann sich nur um die Auswahl des relativ Besten handeln.

Die Vorschläge wollen nicht tabula rasa machen. Insbesondere wollen sie die bestehende Verteilung der Lasten zwischen Arbeitgebern, Arbeitnehmern und Reich nicht ändern; keine Erhöhung der Leistungen (Renten u. s. w.) an die Arbeiter und noch weniger deren Herabsetzung herbeiführen; Selbstverwaltung und schiedsgerichtliches Verfahren wollen sie nicht schmälern. Sie setzen da ein, wo ein Bedürfnis zur Änderung sich gezeigt hat; sie rechnen sowohl mit anderweitig bereits verlautbarten Plänen, als auch mit etwaigen ferneren Anforderungen der Zukunft und haben nur praktisch Erreichbares im Auge. Einzelne gefährdete Punkte möchten sie stützen. Als oberster Grundsatz liegt ihnen die Schonung der finanziellen und ehrenamtlichen Kräfte der Nation zu Grunde. Dazu kommt die Entlastung des einzelnen Arbeitgebers bei der Durchführung der Versicherung und die Beschleunigung des Verfahrens zu Gunsten der Arbeiter. Die Frage: „was gewollt wird" geht der Frage: „wie es gewollt wird" vor.

A. Allgemeines.

Aus Gründen der Übersichtlichkeit mögen die folgenden, einen Teil der Organisation vorweg nehmenden Gedanken zuerst ausgesprochen werden:

1. Bei der Rentenversicherung (Unfall-, Invaliden- und Altersrenten) handelt es sich um verhältnismäfsig seltene, aber dauernde Leistungen von relativ hohem Kapitalwert; bei der Krankenversicherung dagegen um häufig vorkommende, vorübergehende Unterstützungen von relativ geringem Kapitalwert. Zu diesen drei in der Sache liegenden Unterschieden kommt als viertes Moment hinzu, dafs die Krankenunterstützung (auch während der ersten 13 Wochen nach einem Unfall) unverzüglich mufs gewährt werden können, während es mit der Unfallrente 13 Wochen Zeit hat, und während die Invaliden- und Altersrenten sich teils thatsächlich an die Krankenunterstützung (Krankenhauspflege) anschliefsen, teils mit Mufse von langer Hand vorbereitet werden können.

Darum wird man für die Krankenversicherung lokale, leicht erreichbare, sofort entscheidende Organe nicht entbehren können. Man kann den Krankenversicherungsorganismus nicht durch den schon wegen der Höhe der Objekte zu gründlicherer und langsamerer Arbeit gezwungenen Organismus der Rentenversicherung aufsaugen lassen, einen Organismus, der wegen der breiteren Schultern, die die Rentenversicherung tragen müssen, naturgemäfs weniger allgegenwärtig ist. Andererseits begegnet die Gewährung der Krankenunterstützung aus gröfseren allgemeinen Fonds wesentlichen Bedenken (massenhafte Inanspruchnahme der Fonds bei Arbeitslosigkeit im Winter u. s. w.).

Dagegen steht nichts im Wege, die Krankenkassen an die Organe der Rentenversicherung zu gegenseitiger Unterstützung anzugliedern.

Die Anhänger eines Aufbaus der Rentenversicherung auf Grundlage der Krankenversicherung haben wohl meist ein ausgebildetes centralisiertes Ortskrankenkassensystem im Auge, welches insbesondere auch mit den Betriebskrankenkassen aufräumt. Bei aller Anerkennung der segensreichen Wirksamkeit, welche unter Umständen ein solches System entfalten kann, darf die Lichtseite der Betriebskrankenkassen doch nicht übersehen werden, die in der gröfseren Gleichgültigkeit des Risikos unter den Kassenmitgliedern und in der höchst wünschenswerten innigeren Fühlung zwischen Arbeitgeber und Arbeitnehmer besteht, wozu je nach den Verhältnissen noch die einfachere, leicht durchzuführende Selbstverwaltung und bei dem näheren Verhältnis der Kassenmitglieder untereinander die bessere Kontrolle (Simulationsverhütung) hinzukommen.

Also Aufrechterhaltung der Krankenversicherungsorganisation neben der Rentenversicherung, unbeschadet der Herstellung eines engeren Zusammenhanges unter ihnen und eventuell der gleichzeitigen Einziehung aller drei Beiträge.

Dagegen

2. grundsätzliche Vereinigung der Unfall-, Invaliditäts- und Altersversicherungsorganisation in Verwaltung und Justiz.

Und zwar sollen die Invaliditäts- und Altersversicherungsanstalten unter der Bezeichnung Landesversicherungsanstalten den Stamm für Unfall-, Invaliditäts- und Altersversicherung abgeben, das Regelverhältnis bilden. Neben ihnen sollen jedoch die gewerblichen Berufsgenossenschaften für beide Rentenversicherungen nach Analogie der zugelassenen Kasseneinrichtungen bestehen bleiben, insofern nicht die eine oder andere Berufsgenossenschaft aufgehoben oder mit einer anderen vereinigt wird. Die landwirtschaftliche Unfallversicherung und Versicherungsorganisation, welche sich ohnehin mehr in der Richtung der Invaliditäts- und Altersversicherungsorganisation entwickelt hat, wird mit den Landesversicherungsanstalten verschmolzen; die nicht von Berufsgenossenschaften besorgte sonstige Unfallversicherung geht auf die Landesversicherungsanstalten über; die Landesversicherungsanstalten geben die Invaliditäts- und Altersversicherung in den übrig bleibenden berufsgenossenschaftlichen Betrieben an die Berufsgenossenschaften ab. Die Invaliditäts- und Altersversicherungsanstalten würden ein Drittel an die Berufsgenossenschaften abgeben, zwei Drittel von den landwirtschaftlichen Berufsgenossenschaften u. s. w. gewinnen. Anstalten und Genossenschaften würden einen reicheren Inhalt erhalten, die Arbeiter nur mit einem Organ für beide Versicherungen zu thun haben, die Schiedsgerichte, welche jetzt für jeden Zweig getrennt bestehen, würden vereinigt, auf die Hälfte reduciert und mannigfacher beschäftigt werden.

Die Landesversicherungsanstalten übernehmen die Sektionsbildung der landwirtschaftlichen Berufsgenossenschaften und erhalten dadurch eine reichere Gliederung auch für die Zwecke der Invaliditäts- und Altersversicherung. Die den unteren Verwaltungsbehörden gegenwärtig zustehende Vorbereitung der Invaliditäts- und Altersrenten fällt dagegen weg.

Die Vertrauensmänner der Unfall- und der Invaliditäts- und Altersversicherung werden gemeinsam, in ihrer Zahl also wesentlich reduziert.

Eine gebührende Vertretung der Landwirtschaft in den Landesversicherungsanstaltsvorständen und -Ausschüssen (Delegiertenversammlungen) sieht das Statut der Anstalt vor.

B. Besonderes für die Invaliditäts- und Altersversicherung[1].

1. Beseitigung der Beitragsmarke. 2. Beseitigung des Kapitaldeckungsprincips. 3. Beitragserhebung.

Die Beitragsmarke ist zu beseitigen, der jährliche Bedarf für die Zahlung der Invaliden- und Altersrenten ist ähnlich wie bei der Unfallversicherung alljährlich umzulegen. Die vorhandenen Mittel der Invaliditäts- und Altersversicherungsanstalten (etwa 400 Millionen Mark) dienen als Reserve, sie werden auf die Landesversicherungsanstalten und Berufsgenossenschaften nach der Zahl der Versicherten verteilt; eine weitere Milliarde wird nicht angesammelt.

Die zu Berufsgenossenschaften vereinigten Unternehmer zahlen nach dem Mafsstab der von ihnen gezahlten Löhne, die zu Landesversicherungsanstalten gehörenden Unternehmer nach dem Mafsstab des abgeschätzten Arbeitsbedarfs (Lohnbedarfs) ihre Beiträge, deren Hälfte sie den Arbeitern anrechnen können. Der Jahresbedarf wird an der Hand der Erfahrung vom Reichs-Versicherungsamt berechnet; ein sich später herausstellendes Plus oder Minus mit Hilfe der Reserve (Absatz 1) ausgeglichen.

Die Einziehung der Beiträge erfolgt bei den Berufsgenossenschaften zugleich mit den Unfallbeiträgen, wobei Vierteljahrszahlungen (auch für die Unfallbeiträge) eingeführt werden können; bei den Landesversicherungsanstalten werden Unfall-, Invaliditäts- und Altersversicherungsbeiträge vierteljährlich durch die Gemeinden zugleich mit den Gemeindesteuern erhoben.

In den Büchern werden einerseits die Unfall-, andererseits die Invaliditäts- und Altersversicherungsbeiträge und -Ausgaben getrennt gehalten, gemeinschaftliche Ausgaben auf die beiden Abteilungen entsprechend verteilt, wie z. B. zur Zeit bei den Baugewerks-Berufsgenossenschaften und ihren Versicherungsanstalten.

---

[1] Begründung s. S. 24.

4. Grundrente. 5. Rentensteigerung. 6. Arbeits- und Lohnnachweisungen.

Es wird eine Grundrente (keineswegs eine Einheitsrente) von monatlich 12 Mark für Männer, 9 Mark für Frauen eingeführt, sowohl für die Fälle der Invalidität, als auch die des Alters.

Diese Rente erhält jeder, der den an keine Form gebundenen Nachweis führt, in den letzten 5 (oder 3?) Jahren vor dem Rentenanspruch als Arbeiter thätig gewesen zu sein.

Wer durch Arbeits- und Lohnbescheinigungen, die der Versicherungsanstalt des Geburtsortes zur Aufbewahrung eingesandt werden, eine längere Beschäftigung und folgeweise Beitragszahlung nachweist, rückt in eine entsprechend höhere Rentenklasse auf. Die Rentenklassen steigen um eine Mark monatlich bis zum Höchstbetrag des Dreifachen der Grundrente. Die Höhe der empfangenen Löhne (geleisteten Beiträge) wirkt auf die Höhe der Rentenklasse. — Die Arbeits- und Lohnbescheinigungen werden nach einem vom Reichs-Versicherungsamt zu bestimmenden Formular ausgestellt.

7. Beseitigung der Beitragserstattung.

Eine Erstattung von Beiträgen im Falle der Verheiratung von Arbeiterinnen findet nicht statt.

Die Beitragserstattung beim Tode eines Familienvaters u. s. w. wird in ein (abgestuftes?) Sterbegeld verwandelt.

8. Beseitigung der Rentenverteilung.

Eine Rentenverteilung unter den Landesversicherungsanstalten und Berufsgenossenschaften findet nicht statt.

Die Invaliden- und Altersrenten werden zu Lasten der Gesamtheit bezahlt, wie wenn ein allgemeiner Rückversicherungsverband bestände.

C. Organisatorisches.
1. Vorstände.

Zur Wahrung der Interessen der Gesamtheit tritt für die Behandlung der Invaliden- und Altersrenten ein Staatsbeamter (etwas ganz anderes als der gegenwärtige ausserhalb der Vorstände stehende Staatskommissar) in die Vorstände der Landesversicherungsanstalten und der Berufsgenossenschaften ein (vergl. unten Ziffer 5 letzter Absatz).

Die Berufsgenossenschaften können aufserdem einen besoldeten Beamten zum Mitglied des Genossenschaftsvorstandes machen. Bei der Behandlung der Invaliden- und Altersrenten ist eine entsprechende Vertretung der Versicherten im Berufsgenossenschaftsvorstand und Ausschufs (Delegiertenversammlung) vorzusehen.

2. Sektionen.

Die landwirtschaftlichen Sektionen gehen auf die Landesversicherungsanstalten über; wo keine bestehen, können sie gebildet werden, insbesondere auch zur Wahrung des jetzt in manchen kleineren landwirtschaftlichen Berufsgenossenschaften bestehenden regen Lebens, indem diese Genossenschaften als Sektionen fortbestehen. Die berufsgenossenschaftlichen Sektionen können durch das Statut auch für die Invaliditäts- und Altersversicherung dienstbar gemacht werden.

3. Staatliche und kommunale Ausführungsbehörden für Unfallversicherung.

Mit der grundsätzlichen Übertragung der Unfallversicherung auf die Landesversicherungsanstalten könnte ein Teil der Ausführungsbehörden, gewifs ein paar hundert, in Wegfall gebracht werden. Damit fielen auch die betreffenden Schiedsgerichte.

4. Schiedsgerichte.

Die berufsgenossenschaftlichen Schiedsgerichte werden auch für die Invaliditäts- und Altersversicherung zuständig.

Die jetzt bestehende Doppelreihe von Schiedsgerichten fällt weg.

Die (an die Landesversicherungsanstalten übergehenden) Schiedsgerichte der landwirtschaftlichen Berufsgenossenschaften erhalten Beisitzer auch aus den nichtberufsgenossenschaftlichen gewerblichen Kreisen. Befindet sich ein Schiedsgericht der zuständigen Berufsgenossenschaft nicht im Bezirke der unteren Verwaltungsbehörde, in welchem der Rentenbewerber seinen Wohnsitz hat, so ist das für diesen Bezirk errichtete Schiedsgericht der Landesversicherungsanstalt zuständig.

Auf solche Weise würden in Verbindung mit dem zu 3 vorstehend Gesagten etwa 1000 Schiedsgerichte erspart werden. Um so mehr kann die nach der Meinung des Verfassers höchst wertvolle, ja notwendige Besetzung der Schiedsgerichte mit je zwei Vertretern der Arbeitgeber und Arbeitnehmer neben dem Vorsitzenden aufrecht erhalten werden.

5. Landesversicherungskammern (oder -Ämter).

Wenn die in den Unfallgesetznovellenentwürfen ausgesprochene Absicht der Entlastung des Reichs-Versicherungsamts durchgeführt werden soll, so kann dies nicht wohl durch die Beseitigung des — nach der Meinung des Verfassers unentbehrlichen — Rekursrechts in Unfallsachen, auch nicht durch die Heranziehung der höheren Verwaltungsbehörden als Beschwerdeinstanz in Verwaltungssachen geschehen.

Es empfiehlt sich alsdann eher, auf dem Boden der Selbstverwaltung, auf dem die Versicherungsgesetze erwachsen sind, weiterzubauen und für die Rekurse, wie für die Beschwerden in Kataster-, Straf-, Beitrags-, Gefahrentarif- etc. Sachen eine Landesverwaltungsgerichtsinstanz zu schaffen.

Dies könnte geschehen, indem etwa bei jedem Oberlandesgericht unter dem Vorsitz eines Senatspräsidenten eine Landesversicherungskammer gebildet würde, zu der aufserdem ein höherer Verwaltungsbeamter, ein Arzt und Vertreter der Arbeitgeber und Arbeitnehmer zu gehören hätten.

Die Kammer wäre zuständig für alle Rekurse und Beschwerden in Sachen der Landesversicherungsanstalten und Berufsgenossenschaften, sofern der Betriebssitz u. s. w. in ihrem Bezirk liegt. Sie entschiede in der Zusammensetzung von fünf Mitgliedern (Vorsitzender, Verwaltungsbeamter, Arzt — der in Altersrentensachen durch ein richterliches oder Verwaltungsmitglied ersetzt werden kann —, Arbeitgeber, Arbeitnehmer). Solchergestalt gewänne eventuell die Justiz wieder mehr Fühlung mit den neueren socialpolitischen Aufgaben, und würde der oft geäufserte Wunsch der Ärzte nach aktiver mafsgeblicherer Beteiligung erfüllt.

Die bestehenden Landesversicherungsämter könnten entsprechend umgebildet werden.

Dem staatlichen Vorstandsmitgliede — oben Ziffer 1 — stände in Invaliden- und Altersrentensachen ein Widerspruch gegen die Rentenbewilligung mittelst Berufung an die Landesversicherungskammer, beziehungsweise Revision an das Reichs-Versicherungsamt zu, um auf solche Weise unberechtigten Rentenbewilligungen, die fortan auf Kosten der Gesamtheit erfolgen, entgegenzutreten.

6. Reichs-Versicherungsamt.

Das Reichs-Versicherungsamt behielte die Oberaufsicht über alle Landesversicherungsanstalten und Berufsgenossenschaften; würde Revisionsinstanz in Renten- und Verwaltungsrechtsfragen; hätte nach wie vor Statuten, Gefahrentarife, Unfallverhütungsvorschriften zu genehmigen. Seine Zusammensetzung bliebe unverändert; sein Rechnungsbureau (zur Zeit 77 Beamte) würde als entbehrlich aufgelöst.

Mit Rücksicht auf den Wegfall der Verteilung der Invaliden- und Altersrenten auf die verschiedenen Anstalten hätte das Reichs-Versicherungsamt im Einvernehmen mit den Landescentralbehörden eine verschärfte Aufsicht über die Vermögensverwendung und -Anlage und die Verwaltungsaufwendungen bei den Landesversicherungsanstalten und Berufsgenossenschaften als Trägern der Invaliditäts- und Altersversicherung zu führen.

7. Angliederung der Krankenversicherung.

Vom Standpunkte der Selbstverwaltung, wie der Vereinfachung und thunlichsten Rechtseinheit aus, sowie im Interesse der Herstellung eines innigeren Zusammenhanges zwischen den verschiedenen Versicherungszweigen wäre zu erwägen, ob nicht auf dem Gebiete der Krankenversicherung die Befugnisse der „höheren Verwaltungsbehörden" den Landesversicherungsvorständen zu übertragen und die im „Verwaltungsstreitverfahren" (und Rechtsweg?) zu erledigenden Sachen eventuell der Landesversicherungskammer (oben C 5) zu übertragen sein möchten. Die Landesversicherungsanstalten könnten alsdann einen wohlthätigen Einfluss auf die Entwickelung des Krankenwesens ausüben, je nach den regionalen Verhältnissen eine enge Fühlung zwischen den Kassen und der Rentenversicherung herstellen und insbesondere auch die Kassen zu beiderseitigem Vorteil an der Durchführung der Rentenversicherung beteiligen. Der Umstand, dass Arbeitgeber und Arbeitnehmer in den Landesversicherungsanstaltsvorständen Sitz und Stimme haben, macht diesen Aufbau für die Krankenkassenvorstände zu einem wesensgleichen und verbürgt eine ersprießliche, aus dem Boden erwachsende Gestaltung des Ganzen.

Andererseits läge die Überweisung der dem Verwaltungsstreitverfahren (und Rechtsweg?) vorbehaltenen Sachen an die Landes-Versicherungskammer ebenso in dem Interesse einer innerlich homogenen Judikatur, wie in dem der Arbeiter etc., die nun wüfsten, dafs es nur eine einheitliche Spruchbehörde zweiter Instanz für das ganze Gebiet der Arbeiterversicherung gäbe.

Begründung zum Abschnitt B.

1. Die Beitragsmarke und Quittungskarte haben einerseits nicht geleistet, was von ihnen erwartet wurde, andererseits eine schwerer empfundene Belästigung der Beteiligten zur Folge gehabt, als vorausgesetzt wurde. Mag die Annahme des stellvertretenden Vorsitzenden der Invaliditäts- und Altersversicherungsanstalt Posen, „dafs selbst eine wohlwollende Schätzung den Ausfall an Beiträgen auf 40 Prozent taxiren müsse"[1], zu weit gehen, so ist es doch eine unwidersprochene durch Tausende von jährlichen Strafverfügungen der Invaliditäts- und Altersversicherungsanstaltsvorstände belegte Thatsache, dafs Beitragsmarken in grofsem Umfange nicht verwandt werden. Nun aber hängt von der Beibringung der Marken nicht nur die Rentensteigerung, sondern in sehr vielen Fällen

---

[1] Vergl. Knobloch, „Die Beseitigung der Beitragsmarke". Jena 1896.

auch das Rentenrecht selbst ab. Thatsächlich und rechtlich ist mithin das Recht des Arbeiters in die Willkür des Arbeitgebers gelegt. Das ist ein innerer Widerspruch gegen das Prinzip der Zwangsversicherung. Beitragsmarke und Zwangsversicherung schliefsen sich in gewissem Mafse aus. Das Recht des Arbeiters an sich mufs sichergestellt, wie bei der Unfallversicherung die volle Konsequenz der Zwangsversicherung gezogen, d. h. der Beitrag von dem Arbeitgeber zwangsweise erhoben werden.

Der Satz „kein Beitrag, keine Rente" ist ein harter Grundsatz, der in das System unserer Socialpolitik nicht pafst, insofern es nämlich am Arbeitgeber liegt, den Beitrag nicht zu leisten.

Der Arbeiter kann allerdings, der Theorie nach, den Arbeitgeber denunzieren, wenn er nicht für ihn Marken klebt: allein ein solches Verhältnis der Überwachung des Arbeitgebers durch den Arbeiter ist grundsätzlich nicht wünschenswert, und praktisch wird der Arbeiter als der Schwächere meist schweigen, vielleicht auch in seiner Kurzsichtigkeit mit dem Nichtkleben sogar zufrieden sein. Aber der Staat will doch die Versicherung, aller Kurzsichtigkeit und Böswilligkeit zum Trotz.

Die unständigen Arbeiter kommen bei dem Beitragsmarkensystem vollends schlecht weg. Selbst in Berlin giebt es noch unständige Arbeiter genug, die bis heute keine Quittungskarte haben.

Soll aber der Arbeiter statt des Arbeitgebers die Beiträge entrichten dürfen, so heifst das: er kann (statt der Arbeitgeberverpflichtung) eine freiwillige Versicherung nehmen. Damit fällt er aus dem Rahmen des Systems.

Abgesehen von diesen grundsätzlichen Bedenken, deren praktische Bedeutung erst die Erfahrung erhärtet hat, spricht gegen Beitragsmarke und Quittungskarte die Belästigung, bei jeder Lohnzahlung Beiträge entrichten zu müssen. Alle Arbeitgeber müssen fortgesetzt ihre Aufmerksamkeit auf diesen Punkt lenken. Man sollte sagen, es wäre genug, wenn sie überhaupt ihren Beitrag zahlen. Nicht unbegründet ist der Widerwille gegen diese stete Aufmerksamkeit; zu weit geht die gesetzliche Forderung; weit verbreitet ist die Verfehlung aus Unachtsamkeit, häufig die Gesetzesübertretung aus Irrtum (Abschlagslohnzahlungen, bei Bemessung der Beitragshöhe, bei der Art der Markenentwertung etc.). Bei unständigen Arbeitern in Stadt und Land kommt nicht nur das häufige Fehlen der Quittungskarte der Leute, sondern auch noch die Gefahr hinzu, sich zu vergehen, wenn man am Ende der Woche jemanden nicht mehr fragt, ob er an den Tagen vorher schon irgendwo gearbeitet (und eine Marke eingeklebt erhalten) hat. Fehlt die Quittungskarte, so ist die Erfüllung der gesetzlichen Anforderung oft geradezu unmöglich, was nicht sein darf; fehlen die Marken, so kann deren Herbeischaffung unter Umständen eine unerträgliche Mühewaltung verursachen.

Die Bestimmung, dafs der, welcher jemanden am Montag beschäftigt und löhnt, den Beitrag entrichten mufs, schadet beiden Teilen.

Übrigens wird mit dem Fehlen der Karte oft auch die böswillige Hinterziehung entschuldigt.

Dazu kommt der Übelstand des unberechtigten massenhaften Einklebens von Marken kurz vor dem erwarteten Rentenfall; der Handel mit Marken; der Verlust der Anwartschaft, wenn jemand in vier Jahren nicht 47 Marken verwandt hat, — von der Herstellung, dem Verkauf und der Aufbewahrung der Millionen von Karten und Milliarden von Beitragsmarken gar nicht zu reden.

Dafs die Erwartungen, die bei Erlafs des Gesetzes hinsichtlich der Gestaltung der Verhältnisse gehegt wurden, sich nicht voll erfüllt haben, geht insbesondere daraus hervor, dafs im Jahre 1890 $37^1/_2$ Millionen Doppelmarken hergestellt wurden, während bis jetzt erst etwas über eine Million verwandt sind.

Das sogenannte „Einziehungsverfahren" mit Beibehaltung des Beitragsmarkensystems an die Stelle des Selbstklebens zu setzen, heifst die Sache sehr verteuern, eine Menge Marken ansammeln, zu denen die Quittungskarten nicht zu finden sind, die Masse von Marken und Karten und das umständliche Berechnungsverfahren beibehalten und schliefslich doch wieder nur etwas Halbes schaffen. Die unständigen Arbeiter, die oft gerade am bedürftigsten sind, gehen dabei leer aus.

2. Damit wäre der Weg für eine Erhebung der Invaliditäts- und Altersversicherungsbeiträge zugleich mit den Unfallversicherungsbeiträgen im Wege eines Lohnprozentsatzes freigemacht.

Dieser Weg wird bereits jetzt thatsächlich durch die Invaliditäts- und Altersversicherungsanstalt Rheinprovinz im Einvernehmen mit den beteiligten Handelskammern und Verwaltungsbehörden für die Berechnung der Beiträge der Textil-Hausgewerbetreibenden geplant. Die Unternehmer sollen den Hausgewerbetreibenden $^1/_2$ bis 1 Prozent vom verdienten Lohn vergüten, wogegen diese Marken zu kaufen und zu verwenden haben. Wozu aber erst noch der Umweg durch die Arbeiter, wozu die Kosten und Weiterungen des Markenkaufs etc.? Die Lohnprozente könnten an die Berufsgenossenschaft unmittelbar abgeführt werden.

Bei Betrieben (Haushaltungen), die gegen Unfall nicht versichert sind, erfolgt die Einziehung der Beiträge für sich allein.

Die Höhe der zur Deckung des Jahresbedarfs nötigen

Invaliditäts- und Altersversicherungsbeiträge kann unschwer vom Reichs-Versicherungsamt alljährlich berechnet werden, nachdem bereits eine fünfjährige Erfahrung gemacht ist.

Allerdings wird bei den landwirtschaftlichen etc. Betrieben eine Abschätzung des Arbeitsbedarfs — die gewerblichen Berufsgenossenschaften haben bereits Arbeiter- und Lohnnachweisungen — nicht zu entbehren sein. Allein einerseits haben schon jetzt viele landwirtschaftliche Berufsgenossenschaften den Arbeitsbedarfsnachweis eingeführt, andererseits wird dieser auch für die Unfallversicherung bei allen unentbehrlich werden, wenn Brennereien, Molkereien und sonstige gewerbliche Nebenbetriebe bei der Landwirtschaft (den Landesversicherungsanstalten) mit versichert werden sollen. Dafs dies unter Auflösung der Brennereiberufsgenossenschaft, womit diese einverstanden sein wird, geschehe, ist wünschenswert.

Die Arbeitsbedarfschätzung wird die ständigen und nichtständigen Arbeiter umfassen müssen; diese Schätzung ist, wie das Beispiel der landwirtschaftlichen Berufsgenossenschaften auf der ganzen Linie Schleswig, Hannover, Kassel, Frankfurt, Karlsruhe, Strafsburg, daneben in Mecklenburg und Thüringen zeigt, durchführbar. Das Verfahren hat auch für die Unfallversicherung seine Vorzüge, es bildet den Regelgrundsatz des landwirtschaftlichen Unfallversicherungsgesetzes, liegt auch der Seeunfallversicherung zu Grunde. Gleicherweise wäre in den nichtunfallversicherungspflichtigen Betrieben und Haushaltungen der Arbeitsbedarf nebst Lohnbetrag abzuschätzen und von letzterem etwa $1/2$ bis 1 Prozent, womit man noch für lange auskommen würde, zu erheben. Die Haushaltungen wären gegen diese geringe Abgabe von der Sorge um das Markenkleben befreit und würden aufatmen.

Übrigens war der Versuch mit der Beitragsmarke in vielen Richtungen lehrreich und nützlich; er ebnete dem neuen Verfahren gar sehr die Wege.

Die Beiträge nach dem direkten Steuerfufs zu erheben, empfiehlt sich nicht. Es handelt sich um eine im öffentlichen Interesse erfolgende Regelung des wirtschaftlichen socialpolitischen Verhältnisses: Arbeitgeber und Arbeitnehmer. Zwar liegt diese Regelung im Interesse aller. Aber an vielem haben alle ein Interesse, ohne dafs alle die Kosten tragen. Sonst müfste z. B. die Justiz kostenfrei und selbst das Eisenbahnfahren unentgeltlich sein, vorbehaltlich der Deckung der Prozefs- und Eisenbahnbetriebskosten durch alle. Damit stellte man sich auf einen beinahe socialistischen Boden. Der Einwand, dafs sonst das bewegliche Kapital nicht genügend beitrage, ist hinfällig. Das Kapital bedarf zu seiner Ausnutzung der Arbeit, wird somit als Arbeitgeber getroffen. Wer ausländische oder inländische Staatspapierkupons abschneidet, steht als solcher zu Arbeitern nicht im Verhältnis, leistet im übrigen durch seine Staats- und Kommunalsteuern ein entsprechendes Äquivalent für den gewährten staatlichen Schutz und kommunalen Vorteil. Scheinen diese Steuern den Gegnern zu niedrig zu sein, so können sie ja deren Erhöhung beantragen. Der Zweck der Erleichterung einzelner Arbeitgeber rechtfertigt nicht das Mittel der Heranziehung aller Nichtarbeitgeber. Indirekt werden diese durch die Überwälzung der Last auf die Produktion doch getroffen (der Maurermeister setzt dem Rentner so und soviel für Arbeiterversicherungsbeiträge in Rechnung).

3. Es genügt, den Jahresbedarf umzulegen, wie bei der Unfallversicherung. Jedes Jahr trägt seine Last. Die Gegenwart braucht nicht das Brot zu zahlen, das die Zukunft essen wird. So liegt die Sache. Der Satz von der Belastung der Zukunft zu Gunsten der Gegenwart ist zwar oft ausgesprochen, aber doch nicht richtig. Das Kapitaldeckungsprinzip stammt aus der Privatversicherung mit beliebigem Ein- und Austritt. Es hat keine Berechtigung bei etwaigen Zwangsverbänden. Dafs indessen die 400 Millionen gesammelt sind, ist gut. Sie können als Puffer dienen. Aufserdem verhinderte die bisherige höhere Beitragszahlung ein rasches Steigen der Beiträge, das unangenehm empfunden worden wäre. Auch bei der Unfallversicherung wirkten die Zuschläge von 300, 200, 100 etc. Prozent zu dem Jahresbedarf in den ersten Jahren ausgleichend.

4. Das vorgeschlagene System der Grundrente mit Rentensteigerung will die ursprünglich geplante Einheitsrente mit dem Rentensteigerungsgedanken des Invaliditäts- und Altersversicherungsgesetzes in einfacher Weise vereinigen. Die vorgeschlagene Höhe der Grundrente entspricht etwa den gegenwärtigen Rentendurchschnitten. Wohlerworbene Rechte werden nicht verletzt. Wer jetzt die Grundrente erhält, bekommt immer noch zehnmal mehr, als er geleistet hat.

Die Voraussetzung der Erlangung der Grundrente: Thätigkeit in Arbeit, soll als dem sittlichen Gefühl entsprechend zwar durchaus aufrecht erhalten, indessen in der Ausführung wesentlich erleichtert werden. Es soll keiner fortgesetzten erzwungenen Sammlung von Beweisstücken bei allen Versicherten, auch denen, die nie eine Rente beziehen werden, bedürfen, sondern erst im Moment der Rentenansprechung der Beweis in jedweder glaubwürdigen Form erbracht werden können, man gehöre dem Berufsarbeiterstande an und habe folglich (kraft des Zwangsbeitragsverfahrens) seine Beiträge geleistet. Militärdienstzeit, Krankheit, unverschuldete Arbeitslosigkeit, insbesondere bei Saisonarbeitern, dienen mit zur Ausfüllung der letzten 3 (oder 5?) Jahre, für die man den Beweis der Arbeit erbringen soll. Wer so lange gearbeitet hat, hat auch früher gearbeitet.

Allerdings wird damit die gegenwärtig geltende Äquivalenztheorie, d. h. die genaue Abwägung von Leistung des Arbeiters und Gegenleistung der Anstalt, verlassen. Allein einerseits leistet der Arbeiter überhaupt nur etwa ein Drittel, zwei Drittel leisten der Arbeitgeber und das Reich, und andererseits besteht auch jetzt schon das, was von jener Theorie noch übrig ist, weder in der Praxis, noch auch an sich ohne die durchgreifendsten Ausnahmen. Herrschaften bezahlen für ihre Dienstboten in grofsem Umfange, sonstige Arbeitgeber für ihre Arbeiter (z. B. ungünstig situierte Gutsbesitzer, die schwer Arbeiter bekommen, zahlen die ganzen Beiträge, während die günstiger situierten die Hälfte der Beiträge von den Arbeitslöhnen einzubehalten in der Lage sind). Hier erhalten also die Dienstboten etc. ihre Rente ohne die geringste eigene Leistung. Daneben bedeutet die — notgedrungen konzedierte — Anerkennung der Militär-, sowie einer gewissen Krankheits- und Arbeitslosigkeitszeit als Beitragszeit eine vollständige Verneinung der Äquivalenztheorie.

Aus der letzteren ist der berechtigte Kern herauszuschälen, d. h. die Arbeiter sollen einen angemessenen Beitrag liefern; das übrige ist zwar eine ideale Konstruktion, aber zu fein fürs Leben. Und wo bleibt die Äquivalenztheorie, wenn vollgeklebte Quittungskarten verloren gehen? Der Leistung entspricht in solchem Falle keineswegs die Gegenleistung; vielleicht leidet der gesamte wohlerworbene Rentenanspruch wegen der verlorenen Marken Schiffbruch. Das ist zu hart. Hier erstickt die Form das materielle Recht. Das Wechselrecht ist weniger scharf als das Beitragsmarkenrecht; ein so scharfes Recht aber pafst nicht für Arbeiter, nicht für ein Gebiet der ausgleichenden Gerechtigkeit und des sociales Friedens.

5. Ist somit die Grundrente in einfacher Form dem Arbeiter zu gewährleisten, so entspricht es doch der vorgeschlagenen Erhebung der Beiträge nach Lohnprozenten, dafs eine gewisse Steigerung der Rente mit den höheren und längeren Beitragszahlungen eintritt. Diese Steigerung braucht aber nicht auf der Goldwage gewogen zu werden. Von drei Beitragenden erhalten zwei überhaupt sicher im Leben gar nichts. Auch zahlt der einzelne Arbeiter auf allen Fall nur einen geringen Bruchteil dessen, was er eventuell als Rente empfängt. Die Interessen der Gesamtheit sind ins Auge zu fassen; nach runden Sätzen wären die Steigerungen zu bewirken.

6. Indessen ist es Sache der Arbeiter, sich die Steigerung zu sichern; und sie sollen das durch Bescheinigungen können, in denen sie Arbeitsdauer und Löhne sich angeben lassen.

Wird für die Grundrente von 12 Mark monatlich eine nachgewiesene Lohnsumme von etwa 5000 Mark als Äquivalent gerechnet, so würde bei je 2000 Mark weiter nachgewiesenem Lohne eine Rentensteigerung um monatlich 1 Mark eintreten können.

7. Die weitverbreitete Übung, dafs die Dienstherrschaft für weibliche Dienstboten die Beiträge entrichtet, macht den Wegfall der Beitragserstattung im Falle der Verheiratung um so gerechtfertigter. Ein abgerundetes Sterbegeld für die Überlebenden wäre der mühsam zu berechnenden Erstattung der halben Beitragsmarkenbeträge bei verstorbenen Familienvätern etc. vorzuziehen.

8. Die Voraussetzung der bestehenden Rentenverteilung unter den verschiedenen Anstalten, dafs nämlich sonst die östlichen und sonstigen vorwiegend ländlichen Anstalten überbürdet würden, hat sich als nicht richtig erwiesen. Die Annahme, dafs alte und invalide Arbeiter kurz vor Eintritt des Rentenfalls aus dem Westen nach dem Osten zurückwandern würden, entspricht nicht der Wirklichkeit. Wer in Berlin, am Rhein etc. seine jungen Tage verlebte, zieht später nur selten nach dem Osten zurück. Andererseits leiden die vorwiegend ländlichen Anstalten durch den stärkeren Wegzug jüngerer Personen, die, von Invalidität und Alter gleich weit entfernt, willkommene Zahler sind.

Während demgemäfs thatsächlich Berlin, Rheinland, Westfalen, Königreich Sachsen, Hansestädte einen Überflufs von Mitteln haben, leiden einzelne Anstalten (im Osten und in Bayern) geradezu Not. Berlin kann seine Renten nächstens aus den Zinsen seiner angesammelten Kapitalien zahlen; der Überschufs wird hier bald den von ganz Bayern um das Doppelte übertreffen.

Es handelt sich bei der Invaliditäts- und Altersversicherung um ein allgemeines Reichsinteresse. Sie dient wie die Armee und Marine der Aufrechterhaltung des Friedens, der Festigung des Reichs. Darum sollte, unbeschadet des unter Ziffer 2 am Schlufs Gesagten, unter allen Anstalten ein voller Ausgleich stattfinden, wie wenn sie einen grofsen Rückversicherungsverband bildeten. Eine Reichs-Versicherungsanstalt ist damit keineswegs geplant. Es bleibt die Individualität der einzelnen Anstalten; das vorhandene Vermögen bleibt Anstaltsvermögen. Ein Korrelat zum Reichszuschufs wird geschaffen.

Der Ausweg, etwa zur Hälfte die Last auf alle Anstalten zu verteilen, ist zwar eine Anerkennung, dafs die Last ungleich drückt, bleibt aber eine halbe Mafsregel. Drückt die ganze Last ungleich, so thut es auch die halbe, und zwar steht hier die Bedrückung der Anstalten immer noch im umgekehrten Verhältnis zu ihrer Leistungsfähigkeit. Die ärmsten tragen am meisten und schwersten. Es wäre an der, Zeit hier Wandel zu schaffen.

Auch der sich bietende andere Ausweg: bei den reich dotierten Anstalten die Beiträge zu ermäfsigen oder die Leistungen zu erhöhen, ist nicht zu empfehlen. Es würden damit Anstalten erster und zweiter Klasse geschaffen und ein weiteres Moment des Zuzugs aus dem Osten nach dem Westen begründet werden. Diese unterschiedliche Behandlung möchte auch dem Reichsgedanken nicht entsprechen.

Mit der Beseitigung der Rentenverteilung wird eine Unsumme von Arbeit erspart, insbesondere das Rechnungsbureau des Reichs-Versicherungsamts entbehrlich. Die Kräfte dieses Bureaus könnten innerhalb des Amts zu anderen, nützlicheren Dingen (Beaufsichtigung der ihren Betrieb über die Grenzen eines Bundesstaats erstreckenden privaten Lebens-, Unfall- etc. Versicherungsgesellschaften) verwandt werden.

Schlufs.

Die vorstehenden Vorschläge bedeuten zwar für alle eine Vereinfachung, Erleichterung und wesentliche Kostenersparung; ganz besonders aber für die landwirtschaftliche Bevölkerung.

Die früheren Gegner der Verbindung der Invaliditäts- und Altersversicherung mit den Berufsgenossenschaften behalten auf dem Boden der Vorschläge zu drei Viertel recht. Die landwirtschaftlichen Berufsgenossenschaften werden nicht mit der Invaliditäts- und Altersversicherung befafst, und es brauchen nicht um der Invaliditäts- und Altersversicherung willen erst Berufsgenossenschaften für Handwerker und Kleingewerbetreibende, für Dienstherrschaften und sonstige nicht berufsgenossenschaftliche Arbeitgeber, die invaliditäts- und altersversicherungspflichtige Arbeiter beschäftigen, gebildet zu werden. Namentlich gegen die letztere Eventualität sträubte man sich. Wäre von vornherein eine Verbindung der Invaliditäts- und Altersversicherung nur mit den gewerblichen Berufsgenossenschaften geplant gewesen, so würden die Gegner gewifs weniger zahlreich gewesen sein. Der Vorschlag will also nur ein Stück der ursprünglichen Idee der Reichsregierung retten. Damit aber wird den gewerblichen Berufsgenossenschaften, denen der Fürst Bismarck und mit ihm die verbündeten Regierungen mit Recht eine hohe Bedeutung beilegten, ein weiterer Inhalt gegeben; und wenn in späterer Zeit einmal an eine Arbeiter-Witwen- und Waisenversicherung gedacht werden darf, so kann auch diese bei den berufsgenossenschaftlich organisierten Betrieben ebenfalls mit den Berufsgenossenschaften verbunden werden. Darin aber läge ein weiteres Bindemittel zwischen Arbeitgebern und Arbeitnehmern. Es mufs alles daran gesetzt werden, beide Teile durch gemeinsame Interessen, gemeinsame Thätigkeit, gemeinsame Einrichtungen aneinander zu fesseln. Die socialpolitische Magnetnadel zeigt konstant auf diesen Punkt. Darum gilt es, schon jetzt die Organisation entsprechend einzurichten.

Das Reformwerk kann ohne Gefahr an den Reichstag gebracht werden. Für viele Punkte, z. B. die Beseitigung der Beitragsmarke und der Kapitalansammlung, für die Beseitigung der strengen Äquivalenztheorie und der doppelten Schiedsgerichte, wird sich leicht eine Mehrheit finden. Aber auch vielen anderen Punkten wird der Reichstag seine Zustimmung nicht versagen. Zu weit gehenden Forderungen oder Änderungsvorschlägen können die verbündeten Regierungen ihren Widerstand entgegenstellen; wenn nicht alles, so würde dann doch jedenfalls viel erreicht werden, und wenn schliefslich wider Verhoffen gar keine Einigung erzielt werden sollte, so blieben die Gesetze bestehen; den Arbeitern ginge von ihren Rechten nicht das Mindeste verloren. Riskiert wird also nichts bei der Inangriffnahme der vorgeschlagenen Gesetzesänderungen. Jedes Jahr Zögerung aber erschwert die Durchführung der immer dringlicher verlangten Reform.

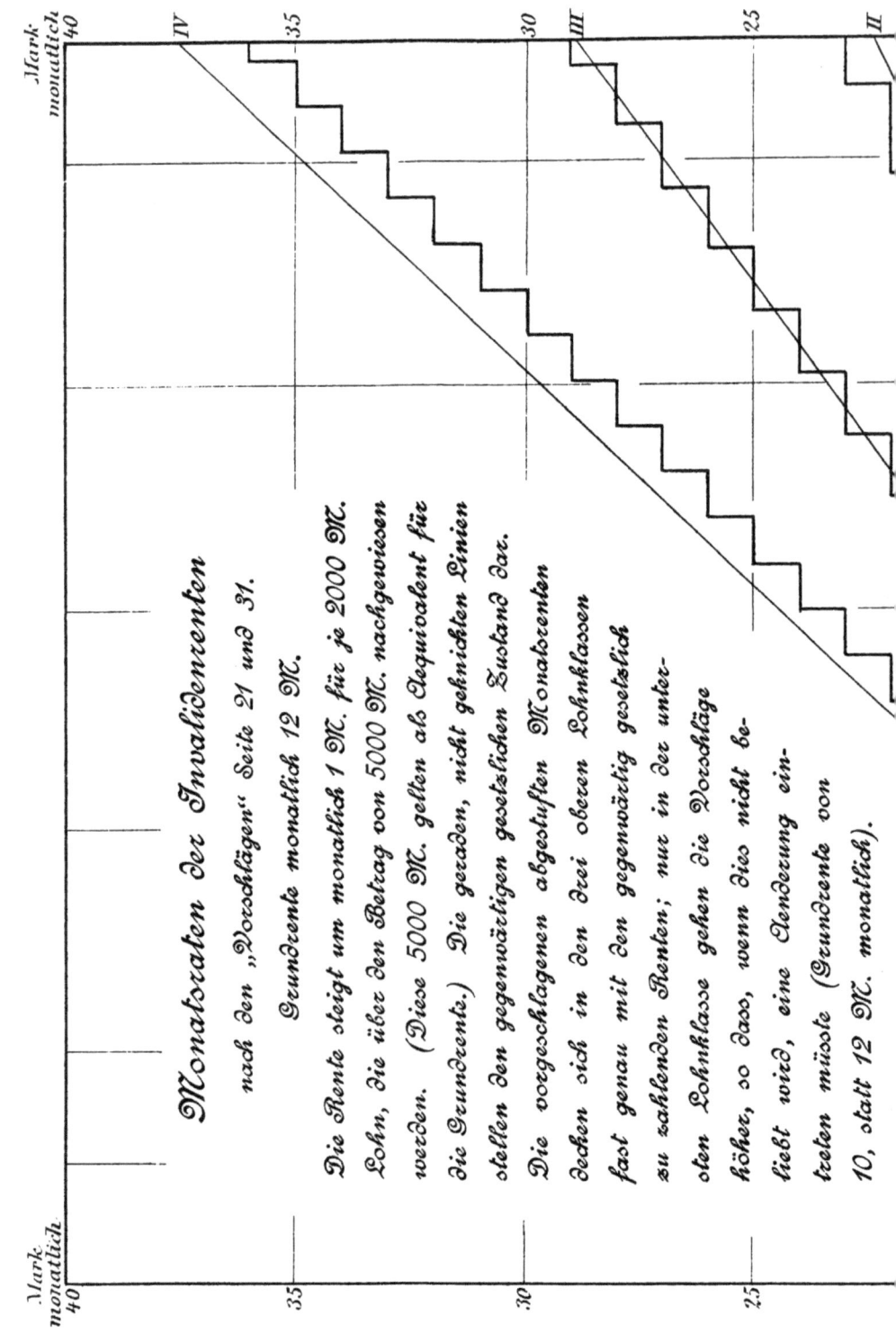

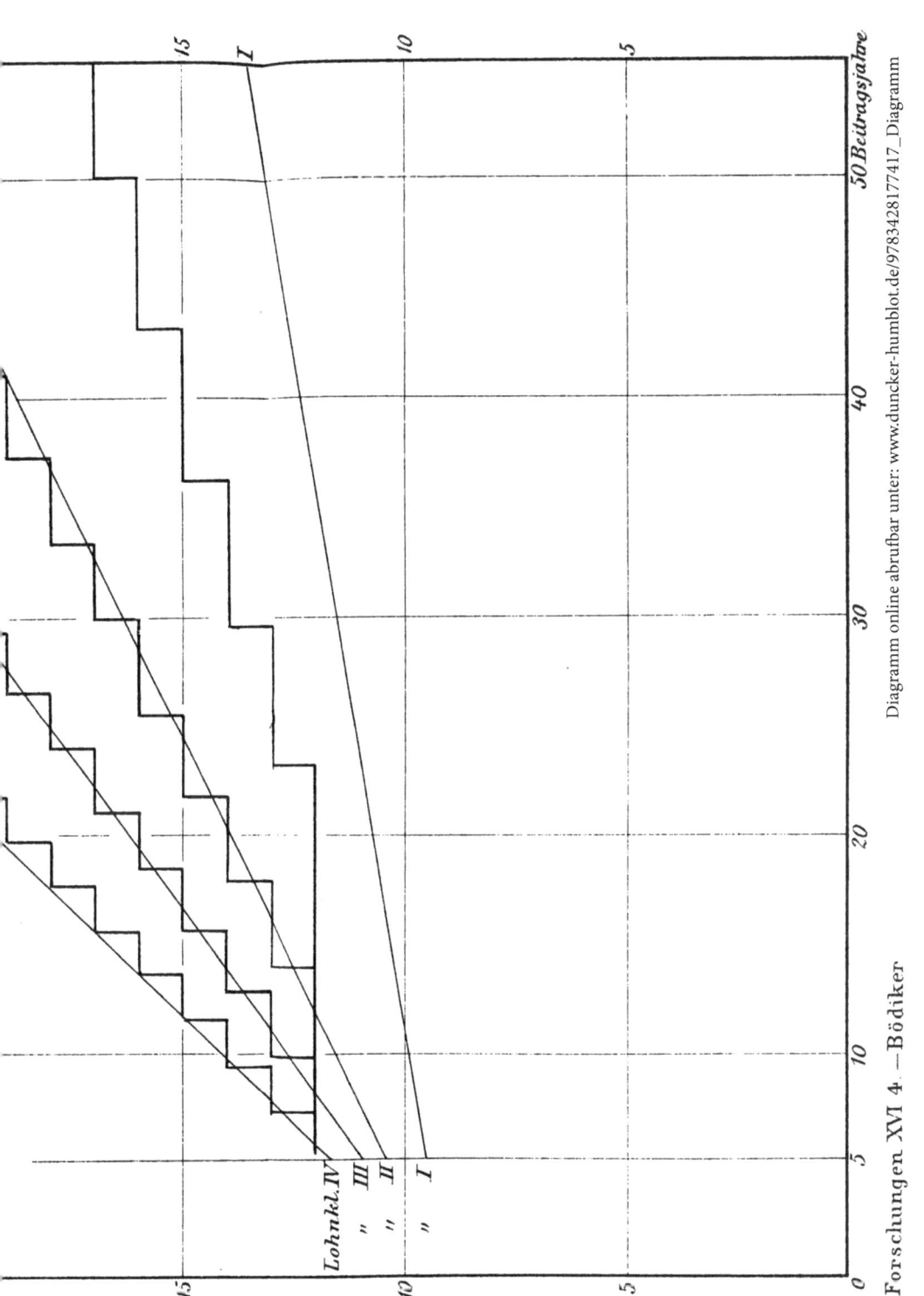

Forschungen XVI 4. — Bödiker

II.

Die Privatversicherung.

Allgemeines.

Das Versicherungsrecht, welches sich auf die Lebens-, Renten-, Privat-Unfall-, Feuer-, Vieh-, Hagel-, Transport- u. s. w. Versicherung bezieht, unterliegt in Deutschland, sowohl was die öffentlich-rechtliche (administrativ-polizeiliche) als auch die privatrechtliche Seite anlangt, den partikularen Landesgesetzen.

Dieser Zustand ist ein unerfreulicher.

Nur öffentliche und kleine Gegenseitigkeitsgesellschaften pflegen ihren Geschäftsbetrieb auf das Gebiet desjenigen Staates zu beschränken, in welchem sie ihren Sitz haben. Die Aktiengesellschaften und grofsen Gegenseitigkeitsgesellschaften, deren Versicherungskapitale nach Milliarden zählen[1], überschreiten sämtlich die Grenzen ihres Heimatsstaates. Die meisten von ihnen treiben das Geschäft im ganzen Reiche, viele sogar über dessen Grenzen hinaus. Schon weil mit der örtlichen Konzentration die Abhängigkeit des Versicherungsgeschäftes von unberechenbaren Ereignissen wächst, drängt dasselbe in fast allen seinen Zweigen seinem Wesen nach auf die möglichste räumliche Ausdehnung des Betriebes hin. Dies sieht man beim Brande ganzer Ortschaften, beim Hagelschlag, bei lokalen Epidemieen, bei Tierseuchen. In solchen Fällen liegt in der weiten Verteilung der Risiken die nötige Ausgleichung. Die zur Zeit bestehende Rechtszersplitterung ist bei einem derartigen Geschäftsbetrieb für die Gesellschaften drückend und für die Aufsichtsorgane lähmend; auf der anderen Seite stehen dem irgend welche Vorteile nicht gegenüber.

Nun giebt es kaum ein anderes Rechtsgebiet, auf welchem das Durcheinander in Deutschland so grofs wäre, wie auf diesem. Konzessionspflicht und Konzessionsbedingungen, Konzessionsdauer und Anlegung der Reserven, Staatsaufsicht und

---

[1] Vgl. die genaueren Zahlen in der auf amtlichem Material beruhenden Abhandlung von C. v. W. „Über Privatversicherungswesen" in G. Schmollers Jahrbuch 1898, Seite 128/834.

Rechtsverhältnisse der ausländischen Versicherungsgesellschaften, alles ist im bunten Durcheinander ganz verschieden geordnet. Dabei hat man in Preufsen noch zwischen dem Rechte der sogenannten alten Landesteile und dem der seit dem Jahre 1866 mit der Monarchie vereinigten vormals Hannoverschen, Schleswig-Holsteinschen, Kurfürstlich-Hessischen, Nassauischen, Frankfurtischen, Landgräflich-Hessischen u. s. w. Landesteile zu unterscheiden.

Der Begriff des „deutschen Auslandes" tritt uns hier in aller Form Rechtens entgegen. In allen Staaten, mit Ausnahme von Bayern, Württemberg, Oldenburg und Elsafs-Lothringen werden die auswärtigen deutschen Versicherungsanstalten den nichtdeutschen gleich behandelt.

Historisches.

Es kann nicht wundernehmen, dafs angesichts eines solchen Zustandes, und je mehr die Versicherungsanstalten kraft des in jedem Unternehmen liegenden Expansionstriebes ihren Betrieb immer weiter ausdehnten, das Verlangen nach einer äufseren Grundlage einheitlichen Rechtes für das deutsche Versicherungswesen immer lebhafter wurde. Dieses Verlangen reicht bis in eine Zeit zurück, in der die politische Verfassung Deutschlands noch einer gesetzgebenden Gewalt entbehrte und die Wahrscheinlichkeit sehr gering war, den Bundestag oder auch nur eine Mehrzahl von einzelnen Regierungen für eine derartige Idee zu gewinnen. War doch schon bei Abfassung des deutschen Handelsgesetzbuches die Einbeziehung des materiellen Versicherungsrechtes mit Ausnahme der Seeversicherung gescheitert; noch viel schwieriger mufste es sein, auch die öffentlich-rechtliche Seite des Versicherungswesens durch ein gemeinsames Gesetz zu regeln.

Nichtsdestoweniger wurde das Verlangen nach einem solchen Gesetze wiederholt laut, so in den Jahren 1861 und 1865 von seiten der volkswirtschaftlichen Kongresse in Stuttgart und Nürnberg, im Jahre 1862 von seiten des deutschen Juristentages und im Jahre 1865 von dem Handelstage in Frankfurt a./M. Freilich dachte man dabei mehr an die Interessen der Gesellschaften, die sich in ihrer freien Bewegung beengt fühlten, als an die bessere Gestaltung einer wirksamen Aufsicht über sie. Dieser letztere, vom Standpunkte der Versicherten aus nicht minder berechtigte Gedanke, kam erst später zur Geltung, als der Zusammenbruch einiger grofser, namentlich ausländischer Versicherungsgesellschaften (Albert u. s. w.) das Interesse der Versicherten an einer verständigen Aufsichtsführung klar vor die Augen führte.

Nach Errichtung des Norddeutschen Bundes wurde die Frage der Regelung des Versicherungswesens alsbald auch in den Regierungskreisen verhandelt und zunächst im Artikel 4 der Bundesverfassung, der auch in die Reichsverfassung übergegangen ist, bestimmt, dafs die Vorschriften über den Betrieb des Versicherungswesens der Beaufsichtigung und der Gesetzgebung des Bundes unterliegen.

Es wurde auch ungesäumt geplant, diese Bestimmung in die That umzusetzen, und als bei der grofsen Anzahl dringerder Aufgaben und bei der Schwierigkeit der Materie die Schöpfung eines Versicherungsgesetzes nicht gelang, wurde die Frage erörtert, ob trotz des Artikels 4 der Bundesverfassung die einzelnen Staaten eventuell dem Bedürfnis abhelfen und angesichts der Zuständigkeit der Bundesgesetzgebung Particulargesetze zu erlassen, kompetent seien. Die letztere Ansicht prävalierte, so dafs Preufsen im Februar 1869 zwei Gesetzentwürfe, den einen über den Geschäftsverkehr der Versicherungsanstalten, den anderen über das Feuerversicherungswesen dem Landtage der Monarchie vorlegte. (No. 256 der Drucksachen des Abgeordnetenhauses II. Session 1868.) Diesem Beispiele folgten später Bayern, Sachsen und andere Staaten.

Inzwischen wurde das Verlangen nach dem Erlasse eines Bundes-Versicherungs-Gesetzes immer allgemeiner, so dafs der Bundesrat infolge eines Antrags von Sachsen-Koburg-Gotha, auf den Antrag seines Ausschusses für die Gewerbeordnung, am 1. März 1869 beschloss:

„an den Herrn Bundeskanzler das Ersuchen zu richten, etwa nach Einziehung nötiger Auskunft über die in den einzelnen Staaten des Norddeutschen Bundes in betreff des Versicherungswesens geltenden Bestimmungen, den Entwurf eines Bundesgesetzes über das Versicherungswesen ausarbeiten lassen und dem Bundesrate zur Beschlufsnahme vorlegen zu wollen. Dabei nimmt der Ausschufs an, dafs der Antrag die privatrechtliche Seite der Versicherung nicht im Auge hat." (Vergl. C. v. W. „Über Privatversicherungswesen" in Schmollers Jahrbuch 1898, Seite 849 (143).

Dieser Beschlufs richtete sich ausdrücklich gegen das selbständige Vorgehen der einzelnen, insbesondere auch der preufsischen Regierung und hatte zunächst den Erfolg, dafs die preufsischen Gesetzesvorlagen in der Kommission des Abgeordnetenhauses, in welche dieselben verwiesen waren, beruhen blieben, indem die preufsische Staatsregierung darauf verzichtete, die Gesetzentwürfe zur Verabschiedung zu bringen. Eine weitere Folge war ein Rundschreiben des

Bundes-Kanzlers vom 31. Juli 1869 an sämtliche Bundesregierungen, welches Auskunft über die in ihren Staaten hinsichtlich des Versicherungswesens geltenden Bestimmungen, sowie über die auf diesem Gebiete bisher gemachten Erfahrungen erbat und gewisses Material nach einheitlichen Gesichtspunkten requirierte; später wurde das gleiche Ersuchen an die in das neu errichtete Reich eingetretenen süddeutschen Staaten gerichtet.

Dringende gesetzgeberische Arbeiten hinderten es, dem allseitig, unter anderem auch durch eine von allen Seiten unterstützte Interpellation des Reichstags-Abgeordneten Jacobi vom 31. Oktober 1871 verlangten Gesetzentwurf näher zu treten.

Im Jahre 1874 wandte sich der Ausschufs des Vereins Deutscher Lebensversicherungs-Gesellschaften mit einer Beschwerde wegen Doppelbesteuerung der Versicherungsgesellschaften an den Reichstag. Die Petitions-Kommission ging zwar auf die Beschwerde an sich nicht ein, beschlofs aber einstimmmig:

„Die Petition . . . . dem Reichskanzler als Material der Erwägung für die im Art. 4 Absatz 1 der Verfassungsurkunde vorgesehene, dringend erforderliche Reichsgesetzgebung über das Versicherungswesen zu überweisen."

(N. 53 der Drucksachen des Reichstags von 1874. Wegen Sessions-Schlusses kam die Sache im Plenum nicht mehr zur Verhandlung.)

Es würde zu weit führen, alle danach in den nächsten Jahren noch erfolgten weiteren Anregungen hier aufzuführen. Hervorgehoben werden möge nur der Vorschlag des preufsischen Abgeordnetenhauses vom 28. Januar 1878, welcher in Veranlassung einer Petition an die Königliche Staatsregierung die Aufforderung richtete,

„angelegentlichst dahin zu wirken, dafs das Versicherungswesen im Wege der Reichsgesetzgebung gemäfs Artikel 4 der Reichsverfassung geregelt werde."

Und ganz in Übereinstimmung hiermit entwickelte der Bericht der Petitions-Kommission des Reichstages vom 3. Mai 1879, No. 150 der Drucksachen von 1879, die Gründe, welche für die reichsgesesetzliche Regelung der Angelegenheit sprächen, und konstatierte, dafs die Kommission einstimmig beschlossen habe, zu beantragen,

„der Reichstag wolle beschliefsen, die Petition . . . . soweit sie die Ausführung des Artikels 4 Ziffer 1 der Reichsverfassung betreffe, der Reichsregierung mit dem Ersuchen zu überweisen, dafs das Versicherungswesen im Wege der Reichsgesetzgebung baldmöglichst geregelt werde."

In seiner Sitzung vom 14. Mai 1879 erhob der Reichstag diesen Antrag zum Beschluss (Stenographische Berichte, Seite 1193).

Unter dem 4. August desselben Jahres erging sodann das im Deutschen Reichsanzeiger veröffentlichte, in der gesamten Presse vielfach besprochene Rundschreiben des Reichskanzlers an die sämtlichen Bundesregierungen, welches die für die reichsgesetzliche Regelung des Versicherungswesens in Betracht kommenden hauptsächlichsten Gesichtspunkte hervorhob und damit zum Ausgangspunkt der über den Erlafs eines Reichsversicherungsgesetzes gepflogenenen weiteren Verhandlungen wurde.

Bis dahin bildete noch immer der Artikel 4 der Reichsverfassung das Fundament des weiteren Vorgehens; andere reichsgesetzliche Bestimmungen kommen kaum in Betracht.

Die Gewerbeordnung des Reiches findet nach ausdrücklicher Bestimmung im § 6 auf den Gewerbebetrieb der Versicherungsunternehmer keine Anwendung.

In den Motiven der Gewerbeordnung — Nr. 13 der Drucksachen des Reichstags des Norddeutschen Bundes von 1869, Seite 51 — wird dieser Ausschluss der Versicherungsunternehmer, wie folgt begründet:

„Es rechtfertigt sich dies (sc. der Vorbehalt der Versicherungsunternehmer für eine besondere gesetzliche Regelung) teils durch die besondere Stellung der Versicherungsunternehmungen, welche, soweit sie auf Gegenseitigkeit beruhen, nicht die Natur eigentlicher Erwerbsunternehmungen haben, teils dadurch, dass die bezügliche Gesetzgebung dadurch aus dem Rahmen der Gewerbegesetzgebung heraustritt, dass sie die Bedingungen der Entstehung der Versicherungsgesellschaften als juristischer Personen regelt, theils endlich dadurch, dass die in den Bundesstaaten bestehenden Bestimmungen über das Versicherungswesen so verschiedenartiger Natur sind und so vielfach in andere Gebiete hinübergreifen, dass die einheitliche Regelung derselben nothwendig einer besonderen, mehr als die blossen Bedingungen der Zulassung zum Gewerbebetriebe umfassenden Gesetzgebung vorbehalten werden muss.

Eine gemeinsame Gesetzgebung über das Versicherungswesen ist im Bundesrate bereits angeregt, und es liegt in der Absicht, in nächster Zeit an die Lösung dieser Aufgabe heranzutreten."

Dagegen unterliegt der Gewerbebetrieb der Versicherungsagenten den Vorschriften der Gewerbeordnung und zwar als ein freies, nicht konzessionspflichtiges Gewerbe. Nur den Agenten und Unteragenten der Feuerversicherungsanstalten liegt die Pflicht ob, von der Übernahme der Agentur binnen acht Tagen der zuständigen Ortsbehörde Anzeige zu erstatten;

ebenso mufs die Niederlegung der Agentur oder deren Entziehung durch die Versicherungsanstalt der Ortsbehörde bei Meidung gerichtlicher Bestrafung angezeigt werden.

Die Motive Seite 52 sagen dieserhalb:

„Der Gewerbebetrieb der Versicherungsagenten ist in dem § 6 von dem Wirkungsbereich des vorliegenden Gesetzes nicht ausgenommen. Derselbe würde also dieser Gewerbeordnung unterliegen, und um das unzweifelhaft zu machen, ist einer besonderen Klasse der Versicherungsagenten in einer Specialbestimmung des § 15 (d. i. § 14 des Gesetzes) ausdrücklich erwähnt, indem den Feuerversicherungsagenten die behufs der Kontrolle des Feuerversicherungswesens nöthige Anzeigepflicht auferlegt ist. Da im übrigen das Gewerbe der Versicherungsagenten nicht erwähnt, namentlich nicht an eine besondere Genehmigung geknüpft ist, so würde das vorliegende Gesetz zur Folge haben, dass die Konzessionspflichtigkeit des Gewerbes der Versicherungsagenten, wo sie nach den Landesgesetzen noch besteht, aufhörte. Die Konzessionspflicht der Feuerversicherungsagenten besteht gegenwärtig in allen Bundesstaaten mit Ausnahme Preufsens und der Hansastädte, und in vielen auch die Konzessionspflicht der sonstigen Versicherungsagenten. Die Aufhebung der Konzessionspflicht hat in Preufsen die nachteiligen Folgen, welche von mancher Seite davon erwartet wurden, nicht gehabt, und die Freigebung dieses Gewerbes wird umsoweniger Bedenken unterliegen, ein je lebhafteres Interesse die Versicherungsgesellschaften haben, durch solide Agenten vertreten zu sein."

Weiter schrieben die §§ 209a und 209c des alten Handelsgesetzbuches für die Versicherungs-Aktiengesellschaften die Einzahlung von mindestens 20 % (statt 10 %) auf jede Aktie vor und machten die Eintragung der Gesellschaft in das Handelsregister von dem Nachweis der Einzahlungen abhängig.

Endlich bedroht das Strafgesetzbuch durch § 360 denjenigen mit Strafe, der

„gesetzlichen Bestimmungen zuwider ohne Genehmigung der Staatsbehörde Aussteuer-, Sterbe-, oder Witwenkassen, Versicherungsanstalten oder andere dergleichen Gesellschaften oder Anstalten errichtet, welche bestimmt sind, gegen Zahlung eines Einkaufsgeldes oder gegen Leistung von Geldbeiträgen beim Eintritte gewisser Bedingungen oder Fristen, Zahlungen an Kapital oder Rente zu leisten":

Eine Bestimmung, die noch heute von grofser Tragweite ist; und in den §§ 277 bis 280 wird die Ausstellung falscher Gesundheitsatteste unter Strafe gestellt, zum Schutze der Lebensversicherungsgesellschaften.

Das bürgerliche Gesetzbuch lässt ebenso wie das neue Handelsgesetzbuch die Versicherungsgesetzgebung bei Seite; laut Artikel 75 des Einführungsgesetzes zum bürgerlichen Gesetzbuch sind die landesgesetzlichen Vorschriften, welche dem Versicherungsrecht angehören, unberührt gelassen.

Es ist also, wie eingangs gesagt worden, auf dem Gebiete des Versicherungsrechtes bis jetzt nach allen Richtungen alles beim alten geblieben.

Knüpfen wir an das oben über das Rundschreiben des Reichskanzlers vom 4. August 1879 Gesagte wieder an, so wäre mit der Mitteilung fortzufahren, dafs infolge eines ferneren Rundschreibens des Reichskanzlers vom 17. November 1881 umfassende statistische Erhebungen über das gesamte Versicherungswesen stattgefunden haben, und dafs dann die Arbeiten wegen Aufstellung eines Reichs-Versicherungsgesetzentwurfs in lebhafteren Flufs gerieten.

Der Verfasser dieser Arbeit war damals Referent für das Gewerbewesen im Reichsamte des Innern und erhielt die Aufgabe, auch auf dem uns jetzt beschäftigenden Gebiete einen Gesetzentwurf vorzubereiten.

Bevor dieser zur Beratung im Reichsamte des Innern gelangte — der Verfasser hat die Beratung später überhaupt nicht mehr erlebt, da ihm die Leitung des Reichs-Versicherungsamts übertragen wurde —, wurde derselbe in wiederholten Konferenzen mit Sachverständigen aus den verschiedenen Versicherungsgebieten im Januar 1883 und sodann zum zweitenmal im März 1883 beraten und demnächst im Wortlaute festgestellt. Was sodann aus dem Gesetzentwurf weiter geworden ist, zu dem der Verfasser später noch allgemeine Motive ausarbeitete, ist ihm nicht bekannt geworden. Jedenfalls hat derselbe bis heute weder in seiner ursprünglichen, noch in einer veränderten Fassung das Licht der Welt erblickt und würde es, wie schon im Vorworte gesagt, eine sehr verdienstvolle That des derzeitigen Staatssekretärs des Innern sein, wenn er das schlummernde Dornröschen aus seinem Schlafe erwecken wollte.

Die Sachverständigen, mit denen der Gesetzentwurf, damals also noch eine unverbindliche Vorarbeit des Verfassers, unter dem Vorsitze desselben und unter Mitwirkung des vortragenden Rates im Reichs-Justizamt von Lenthe beraten wurde, waren die inzwischen verstorbenen Regierungsrat a. D. Brüggemann, Direktor der Aachen-Münchener Feuerversicherungsgesellschaft in Aachen, Meisnitzer, Direktor der Berlinischen Feuerversicherungsanstalt in Berlin, Justizrat Stämmler, Direktor der Preufsischen Rentenversicherungsanstalt in Berlin, Freiherr von Senfft-Pilsach, Direktor der Berlinischen Lebensversicherungsgesellschaft, G. Hartmann, Direktor der Viktoria in Berlin, Rittergutsbesitzer

Kiepert-Marienfelde, Vorsitzender des Verwaltungsrates des Central-Viehversicherungsvereins, sowie der als Mathematiker auf dem Versicherungsgebiete bekannte, sehr tüchtige Generalagent W. Lazarus in Hamburg, aufserdem die meist noch jetzt an der Spitze ihrer Gesellschaft stehenden Herren Gerkrath, Direktor der Lebensversicherungsgesellschaft „Nordstern" in Berlin, Professor Emminghaus, Direktor der Lebensversicherungsbank für Deutschland in Gotha, Dr. Semmler, Direktor des Preufsischen Beamtenvereins in Hannover, Gruner, Direktor der Norddeutschen Hagel-Versicherungsgesellschaft in Berlin, Graf Lucchesini, Generalbevollmächtigter (Rückversicherung) in Berlin, Bankdirektor Kleeberg in Berlin.

Wie zu erwarten war, brachten diese Sachverständigen an Kenntnissen auf dem Gebiete des Versicherungswesens mit, was davon überhaupt in Deutschland zu sammeln war. Die Konferenzen verliefen zu allseitiger Befriedigung, man einigte sich über alle wesentlichen Punkte.

Wäre demnach der damalige Entwurf zum Gesetze erhoben worden, so hätte angenommen werden können, dass damit sowohl die Interessen der Versicherungsgesellschaften, als auch die der Versicherten und endlich auch die der zu berufenden Aufsichtsorgane einen billigen Ausgleich gefunden hätten.

Grundzüge eines Privatversicherungs-Gesetzentwurfs.

Will man an die gesetzliche Regelung des Versicherungswesens gehen, so wird man die privatrechtliche Seite desselben, ebenso wie die Frage der Besteuerung der Versicherungsanstalten und ihrer Agenten aufser Betracht lassen und sich auf die verwaltungsrechtliche Seite desselben beschränken müssen. Einerseits sind diese Fragen zu verschiedenartige, um füglich in einem Gesetze behandelt zu werden, und andererseits würde man, wenn man in der That Wert darauf legt, das verwaltungsrechtliche Gesetz unter Dach und Fach gebracht zu sehen, eine zu grofse Menge Diskussions- und Zündstoff in die Debatten der gesetzgebenden Körperschaften werfen, falls man alles auf einmal regeln wollte. Damit würde man aber das Zustandekommen des Ganzen, wie auch nur eines Teiles gefährden.

Endlich spricht gegen ein solches Zusammenwerfen auch der Umstand, dafs damit naturgemäfs eine grosse Kompliziertheit der in Frage kommenden Behörden, und somit der Grund zu Verwickelungen eingeführt werden müfste, und dafs ein so Verschiedenartiges umfassendes Gesetz der nötigen Harmonie entbehren würde. Somit läfst man besser Gleiches bei Gleichem und erspart dem zu erlassenden Gesetze den Charakter des Ungewöhnlichen.

Auszuschliefsen sind füglich von der Behandlung in dem Gesetze ferner nicht nur die kleinen Gegenseitigkeitsvereine (Bruderladen, Vielladen u. s. w.) und die Berufs- und Knappschaftskassen, selbst wenn sie über die Grenzen eines Bundesstaates hinausgehen, sondern auch die öffentlichen Versicherungsanstalten (Societäten etc.), die einen behördlichen Charakter haben und regelmäfsig innerhalb der Grenzen eines Bundesstaates verbleiben.

Worauf sich das Gesetz zu beschränken haben wird, sind die Lebens-, Unfall-, Feuer-, Vieh-, Hagel- und Transportversicherungsanstalten, sofern dieselben in mehr als einem Bundesstaate Geschäfte betreiben. Sind diese Anstalten so klein, dafs sie über die Grenze eines Bundesstaates nicht hinausgehen, so besteht kaum ein genügendes Interesse, sie der Gesetzgebung des Reiches zu unterwerfen. Man kann sie, ebenso wie untergeordnete Versicherungsgeschäfte anderer Art, z. B. die Glasversicherung, der Gesetzgebung und Beaufsichtigung der einzelnen Bundesstaaten, in denen sie ihren Sitz haben, getrost überlassen.

Damit soll nicht ausgeschlossen sein, dafs auf Antrag eines Bundesstaates und mit Zustimmung des Bundesrates durch kaiserliche Verordnung die Aufsicht auch über die solchergestalt von dem Geltungsbereiche des Gesetzes ausgeschlossenen Anstalten u. s. w. soll übertragen werden können. In diesem Falle hätten die Vorschriften des Gesetzes auf die betreffenden Anstalten Anwendung zu finden, insoweit der Bundesrat nicht etwa Ausnahmen zulassen möchte.

Ob eine Anstalt die direkte oder indirekte Versicherung (Rückversicherung) betreibt, kann in Bezug auf ihre Unterstellung unter das Gesetz schon deshalb keinen Unterschied bilden, weil beide Versicherungen bei den verschiedenen Anstalten durcheinander und Hand in Hand zu gehen pflegen, sodafs eine verschiedene Behandlung nur eine Trennung von natürlich Zusammengehörendem bedeuten würde.

Und nun die grofse Frage, ob Konzessionierung oder Zulassung der Versicherungsanstalten in der Form der Konstatierung der Erfüllung gewisser Normativbedingungen! Die überwiegenden Gründe sprechen für das Konzessionierungssystem, dies allerdings gemildert durch die Bestimmung, dafs die Konzession nur versagt werden darf, wenn erhebliche Bedenken, entweder gegen die finanziellen Grundlagen des Unternehmers oder gegen die Zuverlässigkeit des Unternehmers oder gegen den Wortlaut der allgemeinen Versicherungsbedingungen obwalten. Dabei werden grundsätzlich Einzelunternehmer, offene Handelsgesellschaften, Kommanditgesellschaften, Kommanditgesellschaften auf Aktien und eingetragene Genossenschaften vom Versicherungsgeschäft auszuschliefsen sein, während die Transportversicherung der Einzelunternehmer von dem Gesetze unberührt zu lassen sein wird.

Die dritte grofse Frage ist die der Aufsichtsinstanz. Wenn, wie vorher angenommen, eine ganze Reihe von Versicherungszweigen und Versicherungsformen, sodann alle über die Grenzen eines Staates hinaus Geschäfte nicht betreibenden Anstalten, überhaupt alle öffentlichen Anstalten u. s. w. von der Wirksamkeit des Gesetzes ausgeschlossen sind, so kann als Aufsichtsorgan für die dann noch unter das Gesetz fallenden Gesellschaften u. s. w. nur noch eine vom Reiche zu schaffende Centralstelle in Frage kommen, d. i. das Reichs-Versicherungsamt.

Oben S. 31 wurde bereits dem Gedanken Ausdruck gegeben, es werde gut sein, das Reichs-Versicherungsamt, beziehungsweise das Rechnungsbureau desselben mit anderen und nützlicheren Dingen als einem Teil seiner gegenwärtigen Aufgaben zu befassen. Das Privatversicherungsgesetz bietet hierzu Gelegenheit in Hülle und Fülle.

Wenn die im ganzen Reiche ihre Geschäfte treibenden Anstalten nach gleichen Grundsätzen behandelt werden sollen, und wenn überhaupt eine der Bedeutung der Sache entsprechende zweckmäfsige Aufsicht über die Anstalten geübt werden soll, so kann dies nur durch eine einheitliche Reichsbehörde geschehen. Die Behörden der Einzelstaaten sind hierzu nach Lage der Verhältnisse nicht wohl im stande. Es fehlt den einzelnen Staaten an den geeigneten, mit der nötigen Erfahrung ausgestatteten Kräften hierzu. So wird naturgemäfs zur Zeit bei der Neukonzessionierung von Lebensversicherungsgesellschaften zwar wohl die Zuverlässigkeit der Unternehmer und die finanzielle Fundierung, kaum aber die nicht minder wichtige Solidität des Geschäftsplanes und die Richtigkeit der technischen Unterlagen geprüft. Die Berechnung und Anlegung der Reserven pflegt unkontrolliert zu bleiben. Gerade dies aber ist ein Punkt von aufserordentlicher Wichtigkeit, damit einem späteren Zusammenbruch der Gesellschaften vorgebeugt werde.

Gelegentlich der Aufstellung des im Jahre 1883 mit den Sachverständigen beratenen Gesetzentwurfes, ist zuerst das Wort „Reichs-Versicherungsamt" gebraucht worden. Später ist das Amt für die socialpolitischen Gesetze ins Leben gerufen. Nichts wäre natürlicher, als wenn dasselbe nun auch für seine ursprüngliche Bestimmung verwandt würde. Wir kommen hierauf noch zurück.

Was die Statuten der Versicherungsanstalten (Aktiengesellschaften, Gegenseitigkeitsgesellschaften) anlangt, so werden dieselben ebenso wie jede Änderung derselben dem Reichs-Versicherungsamte zu unterbreiten sein. Zwar wird es den

Versicherungsanstalten unbenommen bleiben, ihre allgemeinen Versicherungsbedingungen, die dem Reichs-Versicherungsamte mit vorzulegen sein werden, beliebig abzuändern; indes wird eine solche Änderung erst in Kraft treten dürfen, wenn das Reichs-Versicherungsamt dieselbe nicht in einer gewissen Frist beanstandet hat, während Statutänderungen ausdrücklicher Genehmigung bedurften.

Ein notwendiges Korrelat zur scharfen Beaufsichtigung der fortdauernden Zahlungsfähigkeit der Lebens- und Unfallversicherungsanstalten ist die Vorschrift, dafs deren Prämienreserven nur in sicherer, näher vorzuschreibender Weise angelegt werden dürfen.

Den zum Geschäftsbetrieb zugelassenen Gegenseitigkeitsanstalten wird das Recht der juristischen Persönlichkeit zu verleihen sein.

Damit für alle Beteiligten die Verhältnisse offen darliegen, wird das Reichs-Versicherungsamt eine öffentliche Rolle zu führen haben, welche alle auf die Zulassung, Auflösung und Verschmelzung von Versicherungsanstalten bezüglichen wichtigeren Angaben enthält.

Die Modalität der Auflösung, wie der Verschmelzung der Versicherungsanstalten ist von der Genehmigung des Reichs-Versicherungsamtes abhängig zu machen.

Ingleichen wird die Geschäftsführung der Anstalten auf der Grundlage voller Publicität erfolgen müssen, und eine gewisse Regelung, namentlich in betreff der Berechnung der Prämienreserven und Überträge, in betreff der Aufstellung von Bilanzen, der Rechnungsabschlüsse und Rechenschaftsberichte zu treffen sein. Die Zulassung ausländischer Versicherungsanstalten wird von besonderen Bedingungen abhängig zu machen, die Handhabung der Feuerversicherung näher zu regeln sein, wobei in letzterer Hinsicht das System der sogenannten Präventivkontrolle zu verlassen und nur vorzuschreiben sein wird, dafs der Ortspolizeibehörde von dem Abschlusse eines Versicherungsvertrages eine Anzeige erstattet wird mit dem ihr beizulegenden Rechte, die Zurückführung einer zu hohen Versicherung auf den gemeinen Wert zu verlangen.

Dem Reichs-Versicherungsamte wird die Einsicht der Bücher und die Vernehmung der Anstaltsbeamten zu gestatten sein; es ist für berechtigt und für verpflichtet zu erklären, in die Verwaltung der Anstalt einzugreifen, sobald deren dauernde Zahlungsfähigkeit nicht mehr gewährleistet ist. Für diesen Fall ist es zu ermächtigen, der Anstaltsverwaltung einen Mitadministrator zur Seite zu stellen, oder die Geschäfte unter Suspendierung der Anstaltsverwaltung durch eigene Beauftragte führen zu lassen, analog seiner Befugnis den Berufsgenossenschaften gegenüber, wenn deren Organe, was bisher bisher allerdings noch nicht vorgekommen ist, sich weigern sollten, ihre Pflichten zu erfüllen.

Für den Fall, dafs eine Versicherungsanstalt in Konkurs geraten sollte, müssen nähere Vorschriften zur Wahrung der Interessen der Versicherten getroffen werden. Auch wird dem Reichs-Versicherungsamte die Befugnis einzuräumen sein, gegen eine Versicherungsanstalt das Verfahren auf Untersagung des Geschäftsbetriebes zu eröffnen.

Die Entscheidungen des Reichs-Versicherungsamtes werden ebenso wie auf dem Gebiete der socialpolitischen Gesetzgebung, wo nur in einem Falle (der Verweigerung der Bestätigung von Statuten) eine Beschwerde an den Bundesrat zulässig ist, endgültige sein müssen. Für gewisse Fälle wird ebenso wie auf dem Gebiete der socialpolitischen Gesetzgebung die Hinzuziehung richterlicher Beamten und von Vertretern der Versicherungsanstalten bezw. der Versicherten bei den Entscheidungen sich empfehlen.

Für die weitere Ausgestaltung dieser Grundsätze wird die doppelte Rücksicht mafsgebend sein müssen, einmal die Versicherungsanstalten vor unnützer Belästigung zu bewahren, dann aber auch die allgemeinen Interessen und die Interessen des einzelnen Versicherten den Anstalten gegenüber zu schützen. Das sind die beiden Pole, in denen das Gesetz wird hängen müssen. Im Zweifelsfalle wird man sich auf die Seite des Schwächeren zu stellen haben und damit an die bisherige Rechtsentwickelung sich anschliefsen. Die Theorie des Geschehenlassens, die in den 60er und 70er Jahren vorherrschte, wird doch nur mit Vorsicht anzuwenden sein.

Bei einer solchen Gesetzgebungspolitik bleibt die Frage der Verstaatlichung des Versicherungswesens ganz aus dem Spiele. Sie liegt auf einem anderen Gebiete und wird durch das hier fragliche Gesetz weder im negativen noch positiven Sinne irgendwie präjudizierlich zu behandeln sein.

Ein zu erlassendes Reichs-Versicherungsgesetz würde hiernach in getrennten Titeln etwa zu behandeln haben:

die Versicherungsanstalten, auf welche das Gesetz sich bezieht und nicht bezieht, also die Abgrenzung seines Geltungsgebietes, sodann:

die Bestellung des Reichs-Versicherungsamts als der Aufsichtsbehörde; ferner:

die Zulassung zum Geschäftsbetriebe (Konzessionierung, Statuten, Kautionsleistungen, besondere Bestimmungen für Lebensversicherung und für Privatunfallversicherungsanstalten);

die Auflösung und Verschmelzung von Versicherungsanstalten;

die bei dem Reichs-Versicherungsamt zu führende Rolle und Bekanntmachungen aus derselben;

die Geschäftsführung der Versicherungsanstalten;

deren Beaufsichtigung, insbesondere die Untersagung des Geschäftsbetriebes und der sonstige Eingriff in die Verwaltung;

das Verfahren vor dem Reichs-Versicherungsamt;
die Zulassung ausländischer Anstalten;
Besondere Bestimmungen wegen der Feuerversicherungen;
endlich
Strafbestimmungen und Schlufsbestimmungen (Übergangsbestimmungen).

Besonderes.
Geltungsbereich des Gesetzes.

Wenn vorhin vorgeschlagen wurde, die Versicherungsanstalten, also insbesondere auch die Feuerversicherungsanstalten, die ihre Geschäfte über die Grenzen eines Staates hinaus nicht betreiben, und überhaupt alle Immobiliarversicherungs-Societäten von dem Geltungsbereich des Gesetzes auszuschliefsen, so könnte damit um so leichter die bedingungslose Zustimmung auch der Königlich bayrischen Regierung zu einem solchen Gesetze zu erlangen sein. Es kommt nämlich in Betracht, dafs durch das Schlufsprotokoll vom 23. November 1870 in Nr. IV (Bundes-Gesetzblatt S. 23) „als vertragsmäfsige Bestimmung in Anbetracht der in Bayern bestehenden besonderen Verhältnisse bezüglich des Immobiliarversicherungswesens und des engen Zusammenhanges desselben mit dem Hypothekarkreditwesen festgestellt ist, dafs, wenn sich die Gesetzgebung des Bundes mit dem Immobiliarversicherungswesen befassen sollte, die vom Bunde zu erlassenden gesetzlichen Bestimmungen in Bayern nur mit Zustimmung der bayrischen Regierung Geltung erlangen können."

Die in Aussicht genommene Beschränkung des Geltungsbereichs des Gesetzes wird die königlich bayrische Regierung voraussichtlich der Frage überheben, ob sie von diesem Reservatrecht Gebrauch machen will oder nicht.

Die diesseits vertretene Ansicht, zunächst wenigstens eine Reihe von an sich unbedeutenden Versicherungszweigen, wie die Glas- und Spiegelversicherung, Geschworenendienst- und Militärversicherung, Kautions-, Agio-, Hypotheken- und Lose-Verlustversicherung, die Versicherung gegen Einbruchdiebstahls-, Wasserleitungs-, Überschwemmungs-, Frost- und Waldbrandgefahr, die Versicherung des Eigentums der Seeleute und Fischer etc. von der reichsgesetzlichen Regelung und Beaufsichtigung auszuschliefsen, beruht darauf, dafs ein durchschlagendes öffentliches Interesse für diese Regelung zur Zeit sich kaum wird beweisen lassen.

Auch möchte es sich empfehlen, die beteiligten Stellen zunächst mit dem wichtigsten Teil der Materie sich vertraut machen und sich nicht auf einmal mit zuviel Verschiedenartigem befassen zu lassen, wie ja auch unsere socialpolitische Gesetzgebung stückweise aufgebaut worden ist.

Der Mangel eines dringenden öffentlichen Interesses könnte auch für den Ausschluſs der See-, Fluſs- und Land-Transport-Versicherung von der reichsgesetzlichen Regelung geltend gemacht werden, denn die Transport-Versicherungsnehmer gehören durchweg dem intelligenteren, geschäftsgewandten Teil der Bevölkerung an, der, durch Erfahrung mit dem Gegenstande vertraut und die Vertrauenswürdigkeit der Gesellschaften kennend, sich im Allgemeinen selbst zu schützen weiſs. Auch kommt bei diesem Versicherungszweige nicht der Abschluſs lang laufender Versicherungen und eine dem entsprechende Ansammlung gröſserer Reserven in Frage.

Andererseits ist gerade das Transportversicherungsgeschäft ein sehr bedeutendes, das einen groſsen Teil des Nationalvermögens deckt, und vollzieht sich die Wirkung dieser Versicherung in ihrem wichtigsten Teil, der See-Versicherung, fast ganz ausserhalb der Grenzen der Einzelstaaten auf Gebieten, wohin deren Arm nicht reicht, so daſs die Privat-See-Versicherung, wie das gesamte Seerecht einschlieſslich der Seemannsordnung mit den sich daran knüpfenden internationalen Beziehungen recht eigentlich als ein Teil der Gesetzgebungssphäre des Reiches anzusehen ist. Dazu kommt, daſs eine Anzahl ausländischer Gesellschaften im Inlande See-Transport-Versicherungs-Geschäfte betreiben; ingleichen pflegen die Fluſs- und Land-Transport-Versicherungsgesellschaften über die Grenzen der einzelnen Staaten und selbst des Reiches hinaus zu gehen.

Der Neigung der Deutschen, sich zu Vereinigungen aller Art zusammenzuschlieſsen, entsprechend, giebt es nicht wenige auf Gegenseitigkeit beruhende Vereinigungen, welche bestimmungsmäſsig einen hinsichtlich des Personenkreises oder örtlich eng beschränkten Wirkungskreis haben, sich keiner Agenten zur Geschäftsvermittelung bedienen, und nur den Zweck verfolgen, ihren Mitgliedern für gewisse Bedarfs- oder Verlustfälle eine Unterstützung zu gewähren. Diese Vereinigungen, die zum Teil minimalster Art sind, würden auch dann, wenn sie über die Grenze eines Landes hinausgehen, indem sie, wie z. B. der Mobiliar-Versicherungs-Verein für das Kirchspiel Holte und Wachtum in dem Osnabrückschen Kreise Hümling einer Kirchspielgrenze folgen und somit sich in ein anderes Land, im vorliegenden Falle in das oldenburgische Kirchspiel Löningen erstrecken, von dem Geltungsbereiche des Gesetzes auszuschlieſsen sein.

Im übrigen wird füglich das der Reichsbehörde zur Beaufsichtigung zu übertragen sein, was sich über die Grenzen eines Landes erstreckt, und den Einzelstaaten ist zu überlassen, was einzelstaatlich ist. Damit wäre ausgeschlossen, daſs das Reichsorgan eine Aufsicht über die Thätigkeit der Staatsorgane auf den ihnen überlassenen Gebieten ausübt.

Freilich hat diese Regelung zur Folge, dafs für die Versicherungsunternehmungen ein zwiefaches Recht, Reichsrecht für den einen, Landesrecht für den anderen Teil geschaffen wird; und dafs am Sitz verschiedener Versicherungsgesellschaften ganz verschiedene Rechtsnormen in dem einen und in dem anderen Falle zur Anwendung werden gelangen müssen. Darum der oben vorgeschlagene Ausweg der Übertragung der Aufsicht über sämtliche Versicherungsanstalten an die Reichsbehörde im Wege kaiserlicher Verordnung mit Zustimmung des Bundesrates auf den Antrag des beteiligten Bundesstaates. Vielleicht werden einige Staaten, Preufsen voran, die Rechtseinheit solchergestalt herstellen, wie sie auf dem Gebiete der socialpolitischen Gesetzgebung erfreulicherweise auf die Errichtung von Landes-Versicherungsämtern, — die in den ursprünglichen Vorlagen der verbündeten Regierungen nicht vorgesehen waren, sondern auf Antrag bayerischer Reichstagsmitglieder in das Gesetz aufgenommen wurden, — verzichtet haben.

Der grundsätzliche Ausschlufs der öffentlichen Versicherungsanstalten, welche unter der Leitung oder Verwaltung staatlicher oder kommunaler Behörden stehen, von dem Geltungsbereich des Gesetzes rechtfertigt sich einmal dadurch, dafs diese Anstalten (Immobiliar-Feuersocietäten), wie die Verhältnisse in Deutschland liegen, einer Aufsicht aufser durch die staatlichen und kommunalen Behörden kaum bedürfen; sodann dadurch, dafs deren Verwaltung erfahrungsgemäfs so eng mit der übrigen beteiligten öffentlichen Verwaltung verwachsen ist, dafs es zu Mifsständen führen würde, eine andere Behörde, die nicht zugleich die Disciplinarbehörde für die betreffenden Anstaltsbeamten ist, zur Aufsichtsinstanz zu machen. Die von einer Reichsaufsichtsbehörde ausgehenden nützlichen Ideen werden diese Anstalten, die ein Privatinteresse nicht verfolgen, einer Gefahr des Zusammenbruchs nicht ausgesetzt sind und schwindelhafte Geschäfte zu betreiben, gar keinen Anlafs haben, sich voraussichtlich ohnehin zu nutze machen.

Für die gleichmäfsige Behandlung der Rückversicherungsgesellschaften mit den nur das direkte Geschäft betreibenden Gesellschaften spricht aufser dem erfahrungsmäfsigen Durcheinandergehen beider Geschäfte auch der Umstand, dafs sonst unsolide Versicherungsunternehmungen unter der Maske eines direkten Unternehmens als Agenturgeschäfts der Kontrolle sich entziehen könnten.

Sollten in Anwendung der gesetzlichen Bestimmungan zwischen dem Reichs-Versicherungsamt und einer Landes-Centralbehörde negative oder positive Kompetenz-Konflikte entstehen, so würden dieselben auf verfassungsmäfsigem Wege zum Austrag zu bringen sein. Einer besonderen Bestimmung dieserhalb bedarf es in dem Gesetze nicht. Bisher hat das Reichs-Versicherungsamt sich vor solchen

Konflikten im allgemeinen zu bewufst gewufst; es hat vielmehr bei der Durchführung seiner Aufgaben die Unterstützung der Landesbehörden im weitgehenden Mafse im allgemeinen gefunden.

Die Reichsaufsichtsbehörde.
Das Reichs-Versicherungsamt.

Das Reichs-Versicherungsamt hat sich das Vertrauen der deutschen Behörden, Arbeitgeber und Arbeitnehmer dadurch zu erwerben verstanden, dafs es nach besten Kräften seine Pflicht erfüllte.

Man darf bei ihm sich dessen versehen, dafs es in gleichem Mafse auch das Privatversicherungsgesetz zur Befriedigung der Beteiligten ausführen wird. Und dies wäre immerhin schon viel.

Freilich liefse sich ja sagen, es soll, wie auch sonst beim Gewerbebetrieb, die Behörde des Staates, in dessen Gebiet das Unternehmen seinen Sitz hat, die Konzession erteilen und die Aufsicht führen. Allein, und damit kommen wir auf das zu Anfang Gesagte zurück, kein anderer Gewerbebetrieb strebt so sehr über die Grenzen eines Staates hinaus, hat so sehr fortgesetzt mit Tausenden, in manchen Fällen Hunderttausenden von Reichsangehörigen geschäftlich zu thun, die ihre Ersparnisse ihm anvertrauen, wie die Versicherungsgesellschaften. Dieser auf das Gebiet des Reichs gerichteten Tendenz des Geschäftsgebarens entspricht die Reichsaufsicht durch ein Reichsorgan, welches mit den nötigen administrativen, juristischen und technischen Kräften ausgerüstet wird und Vertreter der Versicherungsgesellschaften als nichtständige Mitglieder aufzunehmen hat.

Die in anderen Ländern zur Durchführung gebrachte Idee, der Behörde einen „Versicherungsbeirat" an die Seite zu stellen, dürfte für Deutschland durch die Erfahrung überholt sein, welche man mit dem Reichs-Versicherungsamt in seiner bisherigen Zusammensetzung aus ständigen und nichtständigen, von Arbeitgebern und Arbeitnehmern gewählten Vertretern gemacht hat. An Stelle des Versicherungsbeirats hätten als Vertreter der Versicherungsnehmer im Reichs-Versicherungsamt dessen nichtständige, von den Berufsgenossenschaften gewählte Mitglieder zu gelten; und als Vertreter der Versicherungsgeber wären nichtständige Mitglieder für die verschiedenen Zweige der Versicherung von den Versicherungsanstalten aus ihrer Mitte wählen zu lassen, wobei das Stimmrecht nach dem Versicherungskapital der einzelnen Gesellschaften zu bemessen wäre. Gerade der Umstand, dafs die nichtständigen Mitglieder in voller Gleichberechtigung mit den ständigen

Mitgliedern, also auch im Gefühl voller Verantwortlichkeit an den Verhandlungen des Reichs-Versicherungsamts teilnehmen, ist ein wesentlicher Grund des Zutrauens, dessen sich das Amt hüben und drüben erfreut. Wozu also von alten bewährten Prinzipien abweichen? Es giebt ohnehin so viel Verschiedenheit und Mannigfaltigkeit auf dem Gebiete der Reichsgesetzgebung, dafs jedermann sich freuen wird, wenn er erprobte einfache Formen auf den sich entsprechenden Gebieten wiederkehren sieht. Jedenfalls ist der Beweis, dafs eine andere Form hier bessere Dienste leisten würde, naturgemäfs bisher nicht erbracht, und ein zwingender Grund zum Ausprobieren anderer Formen nicht gegeben. Das etwaige Bedenken, es möchte einmal ein Vertreter einer Versicherungsanstalt als Mitglied des Reichs-Versicherungsamts im gegebenen Falle zu Ungunsten einer Konkurrenzanstalt entscheiden, ist ganz hinfällig. Je verantwortlicher das Votum eines solchen Mannes im einzelnen Falle ist, um so vorsichtiger wird er sein und um so taktvoller in seinem Auftreten. Die Haltung der Versicherungsanstalts-Direktionen ist von der gleichen Gerechtigkeits- und Billigkeitsliebe erfüllt wie die Haltung der anderen grofsen deutschen gewerblichen Betriebsdirektionen. Sie alle sind im wesentlichen aus einem Holz geschnitzt, und es sind die Dinge bereits in solche Mafse hineingewachsen, dafs kleinliche Gesichtspunkte, eingegeben aus Konkurrenzneid, dem zur Entscheidung berufenen Mitgliede des Amtes geradezu in nebelhafter Ferne liegen werden.

An der Stelle des Reichs-Versicherungsamts eine andere Reichsbehörde ad hoc ins Leben zu rufen, wird kaum vorgeschlagen werden können. Wer aus irgend welchen Gründen doch einen solchen Gedanken erwägen möchte, und das Kapital an Vertrauen, dessen das bestehende Amt sich erfreut, nicht in die Wagschale für die gute Durchführung des neuen Gesetzes zu legen wünscht, würde schon an den naturgemäfs zu nehmenden ökonomischen Rücksichten für seine abweichende Idee eine Schranke finden. Denn schiebt man das bestehende Reichsamt beiseite, so bedarf man eben eines neuen letztinstanzlichen Amtes mit einem besonderen Präsidenten, Bureau- und Registraturvorsteher, mit besonderen Bureaus, Registraturen und Kanzleien, mit einem eigenen Hause und dessen Unterhaltungs-, Heizungs- und Reinigungskosten, kurz, mit einer in vieler Hinsicht geradezu doppelten Kostenaufwendung, bis hinab zum Botenmeister und Kastellan. Dazu kommt, dafs das Publikum, abgesehen von den Versicherungsanstalten, die ja bald eines Besseren belehrt werden würden, mit seinen Privatversicherungseingaben und Beschwerden sich jahrelang sicherlich an das Reichs-Versicherungsamt wenden und es nicht verstehen würde, dafs für die in Betracht kommenden zahlreichen Versicherungsfragen eine andere Versicherungsbehörde bestehen soll als das Amt, das seinen Namen vom Versicherungswesen her entnommen hat.

Auch wäre es hart für das Reichs-Versicherungsamt, dem in seinem Rechnungsbureau für die schwierigste Seite der Aufsichtsführung, die Kontrollierung der Lebensversicherungsgesellschaften, die denkbar beste technische Hilfe zu Gebote steht, wenn es dennoch von diesem Gebiete, dessen Bearbeitung ihm zugleich eine erfreuliche Abwechslung bieten würde, ausgeschlossen würde.

Innerhalb und aufserhalb des Amtes würde man sich fragen: warum? wozu?

An der Endgültigkeit der Entscheidungen des Reichs-Versicherungsamts ist bisher nirgends Anstofs genommen worden. Freie Beweistheorie und gesunder Menschenverstand waren zwei gute Führer. Die Frage: „wird diese Entscheidung im Volke verstanden werden?" tauchte regelmäfsig bei der Entscheidung zweifelhafter Fälle auf.

So wird auch auf dem vorliegenden Gebiete die Endgültigkeit seiner Entscheidungen unbedenklich auszusprechen und nicht etwa innerhalb des Amtes noch ein besonderer Rekurs- oder Revisionssenat zu konstruieren sein.

Im Falle einer Konzessionsverweigerung steht nichts im Wege, auf erneuten Antrag in neuem Verfahren die Konzession zu erteilen.

Die Zulassung zum Geschäftsbetrieb.

Das Konzessionssystem ist in dem überwiegenden Teile des Reichsgebietes geltendes Recht.

Die preufsische Regierungsvorlage vom Jahre 1889 stellte sich auf den Boden der Zulassung zum Geschäftsbetrieb auf Grund der Erfüllung gewisser Normativbedingungen. Ohne weiteres zuzugeben ist, dafs der Staat, im vorliegenden Falle das Reich, dadurch, dafs er eine Konzession an eine Versicherungsanstalt erteilt, in den Augen des Volkes eine gewisse Garantie für die Solidität des Unternehmens übernimmt, und zwar eine Garantie, die er nach Lage der Sache in dem Mafse, wie man sie sich denkt, kaum übernehmen kann.

Auch hat erfahrungsmäfsig die Konzessionspflicht den Zusammenbruch von Versicherungsanstalten nicht zu hindern vermocht; wechseln doch die Leiter des Unternehmens, und ist die Solidität des Unternehmens keineswegs identisch mit der Solidität des Unternehmers. Darum sollte denn auch nach der Meinung der preufsischen Vorlage lieber der Schein der Garantie vermieden, und der Versicherungsnehmer sich selbst zu schätzen berufen werden.

Der preufsische Gesetzentwurf verlangte dementsprechend

eine öffentliche Bekanntmachung des Prämientarifs und der Grundlagen desselben (bei Lebens- oder ähnlichen auf das menschliche Leben berechneten Versicherungen der Sterblichkeits-, resp. Invaliditätstafeln und des Zinsfufses) unter Angabe der Brutto- und Netto-Prämien, der Grundsätze, nach welchen die Reserven berechnet werden, und bei der Kapitalreserve des Betrages, bis zu welchem dieselbe gebracht werden solle. Er verlangte weiter die Anzeige jeder etwaigen (selbstverständlich nur in der Zukunft wirksamen) Abänderung dieser Momente; aufserdem wurden hinsichtlich der Jahresbilanzen und deren Veröffentlichungen genaue Vorschriften gegeben.

Allein auch bei diesem letzteren System kommt der Staat in den Augen des Volkes um eine gewisse Garantie nicht herum; denn wenn, und das wird ja zugegeben, demnächst der Staat über die ins Leben getretenen Versicherungsanstalten eine Aufsicht ausüben soll, so wird man im Volke sich doch denken, der Staat übe eben diese Aufsicht und werde einen Zusammenbruch oder wenigstens schwindelhaftes Geschäftsgebahren zu verhindern wissen. Nun ist aber die Staatsaufsicht ungleich schwieriger zu handhaben, wenn das Unternehmen ohne alle Prüfung seitens der Aufsichtsinstanz ins Leben getreten ist, als wenn die Aufsichtsinstanz schon von vornherein sowohl die finanzielle Fundierung, als auch die persönliche Zuverlässigkeit des Unternehmers und die Unbedenklichkeit der Statuten hat prüfen können. Einem Handelsrichter diese Prüfung zu überlassen, der vielleicht einmal in seinem Leben hiermit zu thun hat, ist nicht angängig.

Und wenn in der That trotz des bestehenden Konzessionszwanges Versicherungsgesellschaften zusammengebrochen sind, so fragt es sich, wie viele ohne dieses Prinzip untergegangen wären, und daneben, wie viele unsolide Gründungen verhindert worden sind.

Gerade die Präventivwirkung der Konzessionspflicht ist von besonderem Werte.

Auf wenigen anderen Gebieten kommen so erhebliche Interessen des Gemeinwohls in Frage wie bei der Privatversicherung, an der jedes deutsche Haus beteiligt ist. Wenn der einzelne sich selbst schützen soll, so mufs man doch bedenken, wie wenig Zeit und Gelegenheit derselbe hat, sich um alle in Betracht kommenden Sachen zu kümmern, wie erfahrungsmäfsig dem einzelnen auch die Einsicht hierzu zu fehlen pflegt, und wie der einzelne aus allen diesen Gründen gerade auf diesem Gebiete sehr leicht das Opfer von bedenklichen Unternehmungen werden kann.

Eine Prüfung der Bedürfnisfrage ist selbstverständlich als ausgeschlossen zu betrachten. Die Konzessionierung erfolgt ohne Beschränkung nach Zeit und Raum und unentgeltlich. Andererseits liegt es in ihrem Wesen, dafs die finanzielle Fundierung des Unternehmens zu prüfen ist, um von vornherein das Inslebentreten unsolider Unternehmen zu verhindern; ferner, dafs die Zuverlässigkeit des Unternehmers in Betracht gezogen werden mufs, und die allgemeinen Versicherungsbedingungen, sowie das Statut der Gesellschaft der Aufsichtsbehörde zu dem Zwecke zu unterbreiten sind, damit sie über die in Betracht kommenden Verhältnisse sich ein mafsgebliches Urteil bilden kann.

Es darf erwartet werden, dafs die Aufsichtsbehörde in dieser Hinsicht mit Umsicht verfahren und die beiderseitigen Interessen in gerechter Weise abzuwägen wissen wird.

Dabei wird davon auszugehen sein, dafs weder das Statut selbst, noch die allgemeinen Versicherungsbedingungen, über deren Inhalt das Gesetz teils die üblichen, teils die aus der Natur der Sache sich ergebenden Vorschriften zu erlassen haben wird, einer Genehmigung des Reichs-Versicherungsamts bedürfen. Erscheinen dem Amte Statut oder Versicherungsbedingungen bedenklich, so bleibt ihm das Recht der Versagung der Konzession. Wohl dagegen bedürfen die Änderungen des Statuts der Genehmigung, damit nicht hinterher die Voraussetzungen der Konzessionierung beliebig verändert werden. Ebenso werden Änderungen der allgemeinen Versicherungsbedingungen nicht eher in Wirksamkeit treten dürfen, als nach Ablauf einer gewissen gesetzlich bestimmten Frist, innerhalb deren sie vom Reichs-Versicherungsamt nach erfolgter Anzeige nicht beanstandet wurden.

Aufserstatutarische Geschäfte dürfen ohne Genehmigung der Aufsichtsbehörde von der Gesellschaft nicht betrieben werden.

Die Forderung einer Kaution von seiten einer zuzulassenden Gesellschaft bildet ein in die Hand des Reichs-Versicherungsamtes zu legendes Sicherheitsventil.

Eine Vorschrift über die Mindesthöhe des Aktienkapitals bei Aktiengesellschaften empfiehlt sich nicht.

Die Eintragung einer Versicherungsgesellschaft in das Handelsregister ohne einen vorgängigen Nachweis der erfolgten Zulassung zum Geschäftsbetriebe ist auszuschliefsen.

Bei Gegenseitigkeitsgesellschaften, die im Augenblicke der Zulassung zum Geschäftsbetriebe den Charakter juristischer Personen erlangen, ist vom Gesetz genau vorzuschreiben, was alles der Gesellschaftsvertrag enthalten mufs. Dieser ist notariell oder gerichtlich abzufassen. Änderungen sind ebenso zu beurkunden und dem Reichs-Versicherungsamt anzuzeigen. Im übrigen werden besondere Vorsichtsmafsregeln hier kaum notwendig und alles weitere dem verständigen Ermessen der vertrauenswürdig zusammengesetzten Aufsichtsbehörde zu überlassen sein.

Versicherungsunternehmungen, die als Einzelunternehmer, offene Handelsgesellschaften, Kommanditgesellschaften oder Kommanditgesellschaften auf Aktien auftreten wollen, werden zum Versicherungsgeschäfte nicht zuzulassen sein. Die Einwirkung des Einzelunternehmers oder des persönlich haftenden Gesellschafters auf das gesamte Geschäftsgebahren, insbesondere auf die Anlegung der Reserven ist zu durchgreifend, als dafs die Rechte der Versicherten daneben noch genügend geschützt werden könnten. Eine wirksame Aufsicht wäre demgegenüber kaum durchzuführen, auch liegt ein Bedürfnis für diese Gesellschaftsformen auf dem Gebiete des Versicherungswesens nicht vor, wie sie denn auch zur Zeit in Deutschland wohl kaum existieren.

Was die Transportversicherung anlangt, die in dieser Form allerdings betrieben wird, so kann dieselbe von der Reichsaufsicht unbedenklich ausgenommen werden.

Lebensversicherungen müssen bei dem Antrage auf Konzessionierung ihre Grundsätze für die Prämienreserven unter Beifügung der zu Grunde liegenden Sterblichkeits- u. s. w. Tafeln und Angabe des anzuwendenden Zinsfufses mit vorlegen und die Höhe des beabsichtigten Aufschlages ihrer Tarifprämien angeben. Daneben sind für den Fall der beabsichtigten Versicherung mit erhöhten Prämien, für den Fall der beabsichtigten Bildung von Tontinen u. s. w. weitere besondere Unterlagen zu beschaffen, sowie alle Änderungen auf diesem Gebiete dem Reichs-Versicherungsamt anzumelden. Das Gesetz hat vorzuschreiben, wie die Prämienreserven angelegt werden dürfen.

Der gleichzeitige Betrieb anderer Versicherungsarten ist den Lebensversicherungsanstalten zu verwehren.

Ähnlich sind die Privatunfallversicherungsanstalten zu behandeln.

Geschäftsführung und Auflösung der Versicherungsanstalten. Eingriff in deren Verwaltung und Sonstiges.

Das Wichtigste bei den Versicherungsanstalten ist die Behandlung der Prämienreserven. Dieserhalb sind für die verschiedenen Arten der Versicherungsanstalten besondere Vorschriften zu erlassen. Daneben ist über die Führung und den Abschlufs der Bücher, über den Rechnungsabschlufs, sowie die Bilanzaufstellung eine Summe eingehender Vorschriften aufzustellen.

Das, was der Geschäftsbericht einer Versicherungsanstalt enthalten mufs, und was zu veröffentlichen ist, ist eingehend zu präzisieren.

Das Interesse der Versicherten erheischt es, dafs das

Reichs-Versicherungsamt bei der Auflösung oder Verschmelzung von Versicherungsanstalten in der Form der Genehmigung mitwirkt.

Für die Zwecke der Verlautbarung dieser Änderungen, wie auch zur Bekanntmachung der Gründung von Gesellschaften, der Untersagung des Geschäftsbetriebes u. s. w. ist beim Reichs-Versicherungsamt eine jedermann zu freier Einsicht offenstehende Rolle zu führen, aus deren Inhalt die wesentlichsten Angaben im Reichsanzeiger zu veröffentlichen sind.

Der Hauptzweck der Aufsichtsführung ist die Verhinderung des Zusammenbruchs einer Versicherungsanstalt.

Erfahrungsmäfsig kann sich eine Anstalt durch die ihr fortgesetzt noch zufliefsenden Einnahmen jahrelang, vielleicht jahrzehntelang über Wasser halten, während sie innerlich längst bankerott ist. Indes eine gerichtliche Zahlungsunfähigkeitserklärung und die Eröffnung des Konkurses kann nicht erfolgen, solange die Anstalt den an sie herantretenden Zahlungsforderungen aus den vorhandenen Mitteln (einlaufenden Prämien) noch gerecht wird.

Da ist es nun die Aufgabe der Aufsichtsbehörde, bei Zeiten in die Geschäftsleitung der Anstalt einzugreifen, und zwar in dem Augenblick, wo es sich herausstellt, dafs die rechnungsmäfsigen Reserven nicht vollständig durch die in den Händen der Anstalt befindlichen Fonds gedeckt sind; bezw. bei Lebens- und Unfallversicherungsanstalten, sobald die Prämien- oder Rentenreserven nicht gemäfs den gesetzlichen Bestimmungen belegt sind. Das Gesetz hat die Rechte und Pflichten der Aufsichtsbehörde für einen solchen Fall zu umgrenzen. Dahin gehört das Recht des Verbots, bestimmte Arten von Zahlungen zu leisten, insbesondere das Recht, Dividendenzahlungen zu untersagen, den Policenrückkauf zu suspendieren, die Entlassung von Mitgliedern einer Gegenseitigkeitsanstalt aus ihren Verbindlichkeiten zu verbieten, Prämiennachschüsse einzufordern u. s. w.

Zur Durchführung dieser Mafsregeln mufs die Aufsichtsbehörde die Verwaltung selbst oder durch andere führen dürfen, oder auch Administratoren zu ernennen befugt sein.

Zur Abwendung des Konkurses mufs die Aufsichtsbehörde berechtigt sein, die Verpflichtungen einer insolventen Anstalt aus ihren laufenden Policen dem Stande ihres Vermögens entsprechend zu reduzieren, wenn dies zur Abwendung des Konkurses im Interesse der Versicherten nützlich ist.

Hält das Reichs-Versicherungsamt den Eingriff in die Verwaltung einer Versicherungsanstalt oder die Eröffnung des Verfahrens zur Untersagung des Geschäftsbetriebes für erforderlich, so ist dies der Anstalt mittels motivierten Beschlusses zur Kenntnis zu bringen.

Im übrigen bietet der Vorgang auf dem socialpolitischen Gebiete ein genügendes Vorbild für das bei dem Reichs-Versicherungsamt zu beobachtende Verfahren.

Die Zulassung ausländischer Anstalten ist an besondere Bestimmungen zu knüpfen (Niederlassung an einem Orte des Inlandes, Verpflichtung, sich im Inlande verklagen zu lassen, Vollstreckbarkeit der inländischen Urteile im Ausland, Anwendung der Reciprocität, wenn der betreffende Auslandsstaat deutsche Gesellschaften ungünstiger behandelt).

Bei Feuerversicherungsgesellschaften sind im Interesse der möglichsten Verhütung von Brandstiftungen aus Gewinnsucht gewisse Vorschriften zur Verhinderung der Überversicherung am Platze, sowohl materiell wegen der Beschränkung der Versicherungssumme auf den gemeinen Wert der versicherten Gegenstände u. s. w., als auch formell wegen der Kontrolle durch die Ortspolizeibehörde, unter Führung eines Versicherungsregisters von seiten dessen, der für Feuerversicherungsanstalten Versicherungen vermitteln will.

Endlich werden eine Reihe von Strafbestimmungen für die Vorstandsmitglieder, Bevollmächtigten, Aufsichtsratsmitglieder, Agenten u. s. w. zur wirksamen Durchführung des Gesetzes ebenso notwendig sein, wie eine Anzahl von Übergangsbestimmungen, insbesondere die Bestimmung, daſs die zum Geschäftsbetriebe in einem Lande bereits rechtsgültig zugelassenen Gesellschaften für die Fortsetzung des Geschäftsbetriebes in diesem Lande einer neuen Konzession nicht bedürfen, und daſs die Anlegung der Prämien, bezw. Rentenreserven bei den Lebens- und Unfallversicherungsanstalten gemäſs den Bestimmungen des Gesetzes erst allmählich innerhalb einer gewissen längeren Frist durchzuführen ist.

Die weiter notwendigen Ausführungsbestimmungen werden dem Bundesrat nach Anhörung des Reichs-Versicherungsamts zu überlassen sein, sofern nicht das letztere allein nach der Natur der in Betracht kommenden gesetzlichen Bestimmungen zum Erlaſs der Ausführungsvorschriften für zuständig zu erachten ist.

Schluſs.

Die im vorstehenden vorgeschlagene Gesetzgebungsarbeit bietet in ihrer Aufnahme, Durchführung und Fruchtbringung eigentlich nur Lichtseiten, so daſs es geradezu verwunderlich ist, warum sie so lange auf sich warten läſst. Was auch immer bei ihr herauskommen mag, es kann niemals eine Verschlechterung, nur eine Verbesserung des zur Zeit im Reiche bestehenden Zustandes sein. Zu aufregenden Debatten im Reichstage wird die Materie verständigerweise keinen Anlaſs bieten. Um ein Mehr oder Minder der den Anstalten zu machenden Auflagen und der Aufsichtsbehörde zu gebenden Rechte kann man sich streiten. Allein der Streit kann kein erbitterter sein. Allgemeine Staatsbürgerrechte, Reichstagsrechte, Geldausgaben stehen nicht in Frage. Man macht ein Kleid für einige Versicherungsanstalten, wonach sie schon so lange trachten, und wobei sie dem Gesetzgeber gern eine weitgehende Verfügungsfreiheit einräumen. So gar unmodern kann es ja doch nicht werden. Inmitten der viel Staub aufwirbelnden sonstigen Regierungsvorlagen wäre ein Privat-Versicherungsgesetzentwurf eine erfreuliche Unterbrechung. Von allen Seiten freudig begrüfst, allen Parteien eine förderliche Mitarbeit ermöglichend, würde die Vorlage mit günstigem Winde in den Hafen einlaufen, wo Publikum und Versicherungsgesellschaftsdirektionen sie mit Tücherschwenken erwarten würden. Unsere besten Wünsche begleiten ihre hoffentlich bald bevorstehende Fahrt.

Printed by Libri Plureos GmbH
in Hamburg, Germany